정치란 무엇인가

정치란
무엇인가

김영명 교수가
들려주는
정치 이야기

김영명 지음

일조각

머리말

정치란 떼어 낼 수 없는 우리 삶의 일부이다. 하지만 한국뿐만 아니라 세계 곳곳에서 정치에 대한 부정적 인식과 혐오가 팽배해 있다. 사람들이 그리는 정치의 이상과 실제로 벌어지는 정치현상이 서로 어긋나기 때문일 것이다. 그러나 우리는 아무리 정치를 혐오해도 정치를 완전히 벗어나서는 살 수 없다. 정치에 무관심한 사람이라도 그 사람 바깥에서 그의 의지와 상관없이 일어나는 여러 정치적 결정이나 사건이 그 사람의 삶에 직간접으로 크고 작은 영향을 미치기 때문이다. 그래서 우리는 정치가 무엇이며, 잘된 정치를 이루기 위해서는 어떤 조건들이 충족되어야 하며, 또 일반 시민들이 어떻게 행동해야 하는지에 대해 알아 둘 필요가 있다.

지금까지 정치에 대한 개론서는 많이 나왔고 지금도 나오고 있다. 그러나 대부분의 개론서는 대학 강의를 위해 만든 것이어서 입문서라고 하더라도 어려운 전문 용어들로 가득 차 있다. 또 국내 개론서들은 대부분 공무원 시험이나 이윤 추구를 염두에 두어서 그런지 지나치게 방대하고 불필요하기까지 한 정보들로 가득하다. 그러다 보니 입문자에게 길을 제시하기보다는 오히려 미로 속을 헤매게 만드는 경우가 많다. 게다가 주로 미국 정치학 교과서를 편집하여 옮기는 형편이다 보니 한국 정치의 특유한 사정이 제대로 반영되지 않는다. 한국 현실과 동떨어진 난삽한 용어의 정치학 개론서들이 정치나 정치학에 대한 독자의 관심을 오히려 떨어뜨리지나 않을까 걱정되기까지 한다.

글쓴이는 오래전부터 이런 문제를 인식하여 정치현상을 일반인들이 쉽게 이해할 수 있는 책을 써보고 싶었다. 그래서 10여 년 전에 도서출판 개마고원에서 『정치를 보는 눈』이라는 책을 내었는데, 그 뒤에도 나라 안팎에서 정치상황이 크게 바뀐 것은 없다. 그러나 누락된 내용도 있고 시의에 맞지 않는 사례들도 있어 새롭게 고쳐 내기로 했다. 이번에는 '정치이념' 장을 새로 추가했고, 거기서 특히 이전 책에서 다루지 않았던 생태주의와 여성주의에 관해 간단히 설명했다.

글쓴이가 목표로 삼은 것은 난삽한 학술서도 아니고 가벼운 대중서도 아닌 무게 있고 깊이 있는 대중 교양서이다. 그러나 이런 목표를 얼마나 달성했는지는 자신이 없고 독자 여러분이 판단해 주면 좋겠다. 이 책을 쓰면서 글쓴이가 일종의 표본으로 삼은 것은 막스 베버의 『직업으로서의 정치』, E. H. 카의 『역사란 무엇인가』, 그리고 피터 버거의 『사회학에의 초대』 같은 책들이었다. 이 책이 그런 걸작들에 견줄 수 있으리라고는 생각하지 않지만, 적어도 일반 대중에게 한 학문 분야의 정수를 전달하려고 한 시도는 같았다고 할 수 있을 것이다. 단지 위 책들은 초보자가 읽기에는 다소 어려운 감이 있어, 글쓴이는 이 책을 그보다 더 쉽게 만들려고 노력했다. 과연 더 쉬운 것이 되었는지 아닌지를 글쓴이로서는 판단하기 어렵다.

이 책이 정치에 관심을 가진 일반인, 정치학을 배우는 학생들, 그리고 정치를 전공하는 학자들 모두에게 그 나름대로 도움을 주었으면 한다. 일반인에게는 잘 몰랐던 것을 새로 알게 되는 즐거움을, 그리고 정치학도나 전문가에게는 정치에 대해 자신이 미처 생각지 못했던 새로운 관점을 제공할 수 있으면 글쓴이의 목표는 달성 그 이상일 것이다. 이 글을 쓰는 데 도움을 준, 직접 보지 못하고 책으로 접한 많은 선배 학자, 지식인에게, 그리고 이 책의 저술을 독려하고 만들어 준 유서 깊은 일조각 출판사 여러분에게 고마운 마음을 전한다.

2018년 7월

김영명

차 례

05 개인, 국가, 사회

06 정치인과 민주 시민

07 세계 정치

01　정치란 무엇인가

우리는 정치라는 말을 일상생활에서 언제나 듣는다. "정치가 문제야!", "그 사람은 정치적인 사람이야!", "정치가 잘되어야 경제가 잘될 텐데……" 등등. 정치는 때로는 친근하게 때로는 불쾌하게 우리 삶의 주변을 맴돈다. 싫든 좋든 사람이 사는 사회에는 언제나 정치가 있기 마련이다. 정치를 싫어하는 사람도 정치에 무관심한 사람도 정치를 떠나서는 살 수 없다. 그것은 어쩌면 피할 수 없는 인간 조건인지도 모른다.

사람뿐만 아니라 고등 지능을 갖춘 동물들의 세계에서도 일종의 정치현상을 볼 수 있다. 우리는 '동물의 왕국'과 같은 제목의 텔레비전 기록물에서 고릴라나 침팬지들이 무리 안의 지배권을 장악하기 위해 몸싸움을 벌이고 편을 가르고 추방하고 회유하는 모습들을 심심치 않게 본다. 이는 고릴라나 침팬지 세계의 정치라고 할 수 있다. 그들의 정치는 이런 권력 다툼뿐만 아니라 우두머리가 전체의 안전과 안정과 생존을 위해 무리를 이끌고 헌신하는 모습에서도 잘 드러난다. 아니, 이런 일이 꼭 고등동물에 국한된 것은 아니다. 결코 고등동물이라고 할 수 없는 개미나 벌의 세계에서도 우리는 사람의 정치와 비슷한 현상을 볼 수 있다. 거기에는 일꾼이 있고 병정이 있고 여왕이 있으며, 무리끼리 전쟁을 하고 노예를 획득하며 동맹을 맺는다. 원시적 형태의 정치이지만, 사람들이 하는 정치의 기본을 다 갖춘 미물 세계의 정치라고 할 수 있다. 오래전 일이라 제목도 잊어버렸지만, 북아메리카 대륙에서 일어난 늑대 우두머리와 이를 쫓는 인디언 사이의 두뇌 싸움에 대한 기록영화를 본 적이 있다. 영리한 늑대 우두머리가 무리를 이끌면서 사냥꾼의 공격을 피해 가는 모습을 그렸는데, 대장 늑대가 바깥의 적과 싸우면서 안으로 자신의 지배력과 지도력을 발휘하는, 우리가 정치라고 이해하는 것의 기본 모습들을 감동스럽게 보여 주었다.

이런 정치의 모습은 무리를 짓고 사는 무리 동물의 공통된 현상인 바, 이런 모습이 사람들의 세계에서 가장 복잡하게 나타나리라는 것은 굳이 설명할 필요가 없을 것이다. 아리스토텔레스는 이런 현상을 가리켜 "사람은 정치적 동물"이라고 했다. 그런데 이 말은 비단 사람이 여럿 모이면 불가피하게 정치라는 현상이 나타난다는 말일 뿐만 아니라, 사람의 삶이 정치를 통해서만 비로소 완성된다는 뜻이기도 했다. 이렇듯 정치참여를 통한 인간의 완성은 고대 그리스 시민 계급의 이상이었다.

이렇게 볼 때 정치는 우리가 떠날 수 없는 삶의 한 부분일 뿐만 아니라 사람에 따라서는 정치를 통해서만 비로소 완전한 삶이 이루어진다고 믿기도 한다. 하지만 위에서 본 고상한 정치의 고전적 이상이 요사이 와서는 거의 완전히 묻혀 버리고 '정치' 하면 뭔가 냄새나고 더러운 것으로 여기는 것이 보통이 되어 버렸다. 이런 일은 비단 우리나라에서뿐만 아니라 온 세계에 공통된 현상이다. 왜 그렇게 되었을까? 정치는 정말 혐오스럽고 더러운 것일까? 만약 그렇다면, 우리는 정치를 떠나서 살 수 없다고 했는데, 그 혐오스러운 정치 때문에 우리는 언제나 불쾌하고 불편하게 살아야만 하는가? 꼭 그렇지는 않을 것이다. 그렇다면 정치에 고상한 면도 있는 것일까? 정치의 고상한 면은 무엇일까? 무엇을 하는 것이 진정한 정치일까? 어떻게 하는 것이 좋은 정치일까? 정치는 어떤 사람들이 하는 것이고, 또 어떤 사람들이 하는 것이 바람직할까? 정치와 다른 인간활동들의 관계는 어떠할까? 수많은 질문이 꼬리를 무는데, 이런 수많은 질문과 의문에 조금이라도 답해 보고자 하는 것이 바로 이 책의 의도이다.

정치에 대한 부정적 시각 | 사람들이 정치에 대해 부정적인 생각을 지니고 있다는 것은 어디서든 쉽게 느낄 수 있다. 택시를 타면 운전기사들이 정치인 욕을 해대는 모습을 흔히 볼 수 있다. 승객도 맞장구를 친다. 신문과 방송에서도 정치와 정치인들에 대한 비판과 때로는 비난 기사들이 단골 메뉴로 오른다. 정치학 교수인 글쓴이는 정치학개론 과목도 여러 차례 가르쳤는데, 그 첫 시간에 정치에 대해 어떤 생각들을 갖고 있는지 학생들에게 적어 보라

고 하기도 한다. 학생들이 적어 낸 종이에는 정치의 기본 구성요소인 국회나 박정희 같은 전직 대통령의 이름도 있지만, 그에 못지않게 싸움박질, 부정부패, 정경유착 같은 부정적인 낱말들이 많다. 대학에 갓 들어온 학생들의 눈에 비친 한국 정치가 이런 부정적인 것들로 이루어져 있다는 사실은 우리 사회와 정치를 위해 바람직한 일이 아니다. 그들이 정치에 대해 이렇게 좋지 않은 인상을 가진 까닭은 물론 한국 정치에 부정적인 면이 두드러져서 그럴 것이다. 그러나 다른 한편 언론이나 일반 국민이 정치에 대해 지나치게 높은 기대를 하기 때문에 그럴지도 모른다. 정치는 마땅히 이래야 하는데 한국의 정치와 정치인은 그렇지 못하다는 가치 판단 때문이라 할 수 있다. 그렇게 보면 정치에 대한 부정적인 태도가 정치 자체에 대한 것이라기보다는 오히려 실제 정치 담당자들과 그들이 실행하는 현실 정치의 모자람에 대한 실망의 표현이라고 할 수도 있다. 만약 그렇다면 정치라는 것 그 자체는 부정적인 것이 아니라 오히려 우리 삶을 편하고 풍요롭게 해줄, 또는 해주어야 할 가치 있는 존재라는 의식이 깔려 있는 것이다. 그렇다면 정치는 반드시 필요하고 또 좋은 것이라고 말할 수 있다.

그러한 정치의 이상과는 달리 현실 정치가 당파싸움, 권모술수, 부정부패, 철면피 같은 부정적인 모습들을 먼저 연상시키는 것은 안타까운 일이다. 그런데 여기에는 불가피한 측면이 있다. 정치라는 것은 산에서 도를 닦거나 공장에서 물건을 만드는 일과는 달리 사람을 상대로 해서 권력을 쥐고 무엇인가를 해야 하는 일인데, 이 과정에서 필연코 고상하지 못한 일들이 생기기 마련이다. 게다가 깨끗한 것보다는 더러운 것이 원래 눈에 잘 띄는 법이니, 사람들은 정치의 그 더러운 면만을 기억하게 된다. 이것은 정치에 더러운 점이 더 많은지 아니면 깨끗한 면이 더 많은지와는 별개의 문제다.

정치는 방금 말한 대로 권력을 가지고 무엇인가를 하는 일이다. 그런데 사람들은 서로 권력을 가지려 하고 이런 권력을 쥐기 위한 싸움은 도덕이나 윤리로 안 되는 면이 많다. 마키아벨리 같은 사람은 심지어 권력을 잘 행사하기 위해서는 윤리를 생각하지 말아야 한다고까지 주장했고, 이 주장이 근대 정치의 고전적 명언이 되었다. 일단 획득한 권력으로 '무엇인가를 하는 것'도 마찬가지다. 정치인이 일을 하다 보면 이런저런 반대 의견에 부딪히기 마련이고, 집권자와 반대파 사이에서 일어나는 힘겨룸은 사람 사는 세상에서 없어질 수 없는 사회의 본성, 또 사람의 본성과도 같은 것이다.

위에서 본 개미나 고릴라의 정치와는 달리 사람 사이의 정치는 더 복잡하여, 말과 행동의 수많은 조합을 통해 다양한 정치 행위가 일어난다. 그 속에서 집권자가 정치체 안에서 자신의 권력을 유지하거나 원하는 일을 하기 위해서는 지지자를 규합하고 반대파를 설득하며 그들과 싸우거나 타협해야 한다. 이 일이 순조로우면 정치체는 안정되지만 순조롭지 않을 때에는 불안에 빠진다. 설득과 타협이 순조로우면 집권 세력이든 반대 세력이든 고상하거나 윤리적인 정치를 할 수 있겠지만, 그렇게 되지 않을 때가 그렇게 될 때보다 더 많다. 이럴 때는 속임수, 거짓 약속, 냉정한 행동, 비윤리적인 행동이 필요하기도 하다. 아니 그런 것이 정치의 일상사라고 해도 지나치지 않다. 그래서 사람들은 마키아벨리의 주장을 윤리의 잣대로 비판하면서도 한편으로는 근대 정치의 정수를 보여 주었다고 칭송하는 것이다. 하지만 글쓴이는 이 주장에 불만이 많은데, 거기에 대해서는 나중에 간단히 언급할 것이다.

정치는 권력투쟁인가 | 지금까지 정치에 대한 관념을 소개하면서 권력이라는 말을 많이 사용했다. 실제로 정치에 대한 연구는 권력 개념에서 시작한다고 해도 지나치지 않다. 모든 정치학개론 교과서가 권력에 대한 논의로 시작하거나 적어도 그것을 중심 개념으로 삼고 있다. 정치에 대한 사람들의 좋지 않은 인상도 권력이란 말이 풍기는 안 좋은 분위기와 무관하지 않아 보인다.

권력을 얻고 행사하는 것이 정치의 중심 현상임에는 틀림없다. 그러나 과연 권력이 정치의 모든 것을 설명하는지, 아니면 심지어 정치의 가장 중요한 요소가 되어야 할지에 대해서는 더 생각해 봐야 한다. 이 얘기를 하기 전에 우선 권력이 무엇을 말하는지부터 한번 생각해 보자. 권력에 대해서는 다양한 개념 규정이 가능하겠지만, 궁극적으로 권력이란 **다른 사람이 그 자신의 의사와 관계없이, 심지어 하기 싫더라도 무엇을 하거나 하지 않도록 만드는 힘**이라고 요약할 수 있다.

그러므로 권력에는 반드시 강제력, 심지어 폭력의 행사가 전제되어 있다. 강제력을 사용하지 않고도 남에게 자기가 원하는 일을 하도록 만들 수 있다면 반드시 강제력을 쓸 필요가 없다. 하지만 그렇지 않을 경우 강제력을 사용하여 그렇게 하도록 만드는 것이 권력이다.

권력을 쥐면 사람들은 많은 일을 할 수 있다. 사람들을 복종시키고, 하고 싶은 일을 마음대로 할 수 있으며, 재물도 모을 수 있고, 심지어 자손에게까지 그 권력을 물려줄 수 있기도 하다. 인간의 본성을 연구하는 사람들은 권력욕을 가장 기본적인 인간욕구 가운데 하나로 삼는다. 그렇기 때문에 권력욕은 모든 사람에게 어느 정도는 존재한다고 할 수 있다. 그것이 남보다 강한 사람은 정계에 뛰어들거나, 그렇지 않더라도 자신이 종사하는 분야에서 일종의 권력자 역할을 하고 정치 활동을 한다. 바깥 활동이 여의치 않을 때는 가정 안에서라도 배우자나 자식을 향해 권력자 역할을 하려고 한다. 그 반면 권력욕이 약한 사람들은 권력자가 되려 하지 않고 복종자가 되거나 그런 현상에 관심을 두지 않으려고 한다. 하지만 어떤 관계에서든 권력욕이 전혀 없는 사람은 생각하기 어렵다.

권력욕의 실현 과정이 가장 노골적으로 나타나는 곳은 역시 공식적으로 규정된 정치의 터일 것이다. 현대 사회에서 그것은 '국가'라는 형태에서 대표적으로 나타나고, 지방 정치나 세계 정치와 같은 다른 차원의 영역 또는 각각의 영역 안에서 다른 제도나 집단들 안에서도 나타난다. 이 다양한 영역에서 권력현상이 나타나고 따라서 정치현상도 나타난다.

　권력을 쥐기 위한 과정은 지저분한 과정이 되기 쉽다. 그렇지 않을 수도 있지만 그럴 경우가 더 많다. 권력은 조금씩 나누어 가지기 어렵고 집중 또는 독점되는 경향이 강하기 때문이다. 인권의 개념이 없었고 문명 발달이 덜 되어 힘의 지배가 만연했던 옛날에는 권력 쟁취 과정이 문자 그대로 사람의 피를 요구했다. 권력투쟁에서 승리한 자가 패배한 자를 죽이는 것은 일상사였다. 그것으로 모자라 모반자는 본인뿐만 아니라 그 가족까지 죽였다. 후환을 없애기 위해서였다. 우리나라에서도 "삼족을 멸한다"는 말이 그래서 나왔다. 요즘 와서는 그런 야만적인 모습이 많이 순화되었다. 하지만 21세기의 문명사회에서도, 특히 국제관계에서는 적나라하고 피비린내 나는 힘의 투쟁, 권력투쟁이 사라지지 않았다. 특히 20세기는 아마 인류 역사상 가장 많은 사람이 국가 간 권력투쟁인 전쟁과 그 외 국내외 갈등과 분쟁으로 희생된 시기일 것이다. 문명화되었다는 21세기에도 사람의 사람에 대한 무자비한 권력투쟁은 사라질 기미를 보이지 않는다.

　이런 국가 사이 전쟁이나 국가 안에서 일어나는 내전, 테러 등과 같은 직접적인 폭력 사태를 제외하고 일반 정치과정만을 생각해 봐도 정치과정은 깨끗함과는 거리가 멀다. 선거 과정에서 일어나는 부정행위, 흑색선전, 상호비방, 이합집산, 말 바꾸기, 불법행위들은 비단 한국뿐만 아니라 정치 선진국이라는 미국 등 서구 사회에서도 일상사라고 할 수 있다. 정도 문제일 뿐이다. 그만큼 사람들의 권력욕이 정치

윤리나 준법정신보다 더 강하기 때문이라고 할 수 있다. 이는 정치인에게만 해당되는 것이 아니라 일반 시민들에게도 마찬가지로 적용된다. 정치인과 유권자의 검은 고리, 같은 지역 출신 정치인에 대한 무조건적인 지지, 유권자 자신이 저지르는 탈법행위들 또한 현대 민주 정치가 극복해야 할 문제라고 할 수 있다.

정치에 대한 이중적 태도 | 이런 정치의 현실을 사람들이 더럽다고 욕하는 것은 당연하다. 그런데 그것이 끝은 아니다. 사람들은 정치에 대해 서로 모순된 양면성을 보인다. 한편으로는 정치를 더러운 것으로 치부하고 두세 사람만 모이면 정치인들 욕하기 바쁘지만, 다른 한편으로는 정치인을 부러워하고 떠받들고 그 앞에서 주눅 드는 경우도 허다하다. 정치에 대한 경외심이 경멸감 이상으로 크다는 말이다.

그런데 한국 사람들은 다른 나라 사람들보다 특히 정치에 관심이 더 많은 것 같다. 왜 그럴까? 이에 대한 연구가 제대로 된 적은 없지만 상식선에서 간단히 생각해 보면, 그동안 한국 사람들의 삶에 정치가 매우 큰 영향을 미쳤기 때문이라고 할 수 있다. 조선시대까지 거슬러 올라가지는 말자. 그 당시에도 정치가 백성들의 삶에 직접적인 영향을 미쳤겠지만, 그런 전통이 많은 시간이 지난 현재까지 지금의 한국인의 심성에도 이어지고 있다고 보기는 어렵기 때문이다.

일제 강점기 때부터 얘기하자면, 일본 식민정부는 매우 강력한 중앙집권 국가를 이루어 한국인의 삶을 압박했다. 그런 전통이 해방 이후에도 지속되어, 대한민국 정부 아래에서도 국가가 국민과 민간 사회에 대한 주도권을 행사했고, 국가권력을 쥐는 것이 부와 지위까지도 보장하는 지름길이었다. 그렇다 보니 국민들의 정치 지향성이 매우 강해진 것이다. 그런 정치 지향성은 때로는 본인 자신이 정치인이 되어 입신 영달하자는 적극적인 의지로 나타나기도 하지만, 대부분의 경우는 정치를 일종의 두려움이나 기댐의 대상으로 여기는 경향으로 나타난다. 그런 전통이 아직도 짙게 남아 있어 한국 사람들은 두세 사람만 모여도 정치 얘기에 열을 올린다. 아직도 정치가 한국인의 삶에 큰 영향을 미치고 있다는 증거이다.

물론 요즘에 와서는, 특히 1997년의 외환위기 사태 이후에는 경제와 기업이 한국인의 삶에서 차지하는 비중이 정치보다 더 커진 것도 사실이다. 예전에는 정치가 우리 삶의 지배적인 힘이었다면 이제는 경제와 기업이 우리 삶의 방향을 결정하는 가장 큰 세력이 되었다고 할 수 있다. 이를 다른 말로 표현하자면, 이전에는 정치권력이 다른 모든 것의 위에 있었지만, 이제는 돈이 정치권력보다 더 위에 있다는 사실을 실감하고 있는 것이다. 여러 분야에서 그렇다. 대기업의 바람과 입김은 정치, 사회뿐만 아니라 심지어 문화 영역에서까지 막강한 힘을 발휘하고 있다.

어쨌든 그렇다고 하더라도 정치가 지닌 전통적인 힘이 아직도 국민들의 뇌리에 선명하기 때문에 한국인들은 여전히 정치권력과 정치인에 대해 일종의 경외심을 가지고 있다. 이는 관존민비의 전통이 여전히 남아 있는 것과 비슷한, 이와 관련된 현상이라고 할 수 있다. 예를 들어, 요즘도 무슨 행사가 있으면 언제나 관리나 정치인이 상석에 앉고 이들 위주로 행사가 진행된다. 이 자리에 문화계나 학계의 원로가 앉아 있어도 사정은 다르지 않다. 관계 분야의 원로는 말로만 원로일 뿐이고 그보다는 관계와 정계 인사들이 더 윗자리 대접을 받는 것이다. 더 문제는 주최 측이 오히려 정치인 자신보다도 이를 더 당연히 여기는 태도이다. 대접을 받는 쪽도 문제지만, 알아서 그런 대접을 하는 민간 인사들의 사고방식이 더 큰 문제다. 여전히 관존민비, 정치 우위의 사고방식이 그들의 의식을 지배하고 있기 때문이다.

대학 교수들, 특히 사회과학을 전공하는 교수들 중에는 정계나 관계에 진출하고 싶어 하는 사람이 많다. 그런데 그런 사람들은 별로 좋은 평가를 받지 못한다. 학문에 전념하지 않고 정치인 꽁무니나 따라다니면서 출세만 생각한다는 것이다. 이런 평가는 이해할 만하다. 왜냐하면 권위주의 독재 시절에 정관계에 진출한 교수나 지식인들이 독재를 옹호하고 권력의 시녀 역할을 많이 했기 때문이다. 그러나 달리 생각하면 자기가 공부한 것을 현실에 적용해 보고 싶어 하는 전문가들의 욕구를 나쁘다고만 할 수는 없다. 어떻게 보면 자연스럽고 당연한 욕구이기 때문이다.

그런데 이런 비판적 평가도 사실은 양면성을 가진다. 한편에서는 지식인의 정관계 진출을 비판하면서도, 다른 한편에서는 정작 비판하는 사람을 포함하여 정관계 진출을 열망하는 사람들이 적지 않다. 사람들은 지식인의 권력 진출을 욕하면서도 또 열망하거나 부러워한다. 이 이중적 태도를 어떻게 설명할 것인가? 이 질문은 정치에 대한 일반인들의 이중적 태도에도 마찬가지로 적용된다. 사람들은 왜 정치를 비판하고 정치인을 욕하면서 동시에 정치인을 경외하는가? 그에 대한 대답은 사실 간단하다. 한편으로는 권력투쟁의 어두운 면을 혐오하면서도 다른 한편으로는 권력 그 자체를 동경하기 때문이다. 사람에 따라 그 정도가 다르겠지만 누구나 어느 정도는 그럴 것이다.

정치의 기본요소가 권력의 획득과 행사라고 한다면, 정치는 '싸움'을 떠나서 생각할 수 없다. 정치의 어두운 면모가 여기에 있다. 그러한 싸움을 최대한 합리적이고 합법적으로 만드는 것이 선진 정치의 과제이다. 토머스 홉스는 국가가 생기기 전의 인간 삶을 "만인의 만인에 대한 투쟁"이라고 했다. 그런 상황에서는 가장 힘센 사람도 가장 힘없는 사람에게 해침을 받을 수 있는 불안상태에 있다. 자는 동안 그런 일이 일어날 수 있다. 그래서 중앙 권위가 없는 곳에서는 개인의 삶은 불안하고 비참하고 짧다. 그런 불안상태를 해소하기 위해 사람들은 국가를 만들었고 인민이 그 국가에서 안전을 얻는 대신 절대 권력을 국가에 부여하게 되었다는 것이 홉스의 기본 이론이다. 이렇게 그는 절대 왕정의 이론적 기초를 마련했다. 그렇게 해서 과연 현대인들은 '만인에 대한 만인의 투쟁' 상태는 벗어나게 되었다. 하지만 그래도 개인의 불안은 사라지지 않았고 권력 다툼 또한 사라지지 않았다.

마키아벨리는 모국인 피렌체가 위기에 처하자 국가를 보전하기 위해 군주에게 윤리와 정치를 분리할 것을 권고했다. 필요하면 비정한 수단을 동원하여 군주의 권력을 지키고 국가의 안전을 도모하라고 했다. 국가의 안전에 도움이 되지 않으면 윤리적 고려는 필요 없다는 것이다.

이 두 사람의 견해가 정치 '현실주의'의 사상적 기초가 되었다. 이들의 주장은 옳을 수도 있고 그를 수도 있다. 이에 대해서는 나중에 다시 논의하려고 한다. 어쨌든 이들이 보이는 정치에 대한 관념은 한마디로 투쟁이나 싸움이라고 할 수 있다. 정치는 개인 또는 국가의 안전을 위한 투쟁이고 이를 최대한 확보하기 위한 권력투쟁이다. 정치를 이런 관점에서 보면 정치는 더러워질 가능성이 매우 크다. 정치 현실주의에는 '더러움'의 가능성이 내포되어 있다.

그런데 '더럽다'는 것은 무엇을 말하는가? 이런 평가에는 일정한 윤리의식이 자리 잡고 있다. 정치가 더럽다면 무엇에 비해 그렇다는 말일까? 이를 종교, 그중에서도 제도 교회가 아닌 신성을 실현하는 종교의식과 비교해 보자.

어떤 사람의 행동이 더럽다는 것은 남이나 공익을 생각하지 않고 자기 이익만을 추구하며 이를 위해 수단방법을 가리지 않아 불법, 비리, 거짓말도 사양하지 않는다는 뜻일 것이다. 이에 비해 깨끗하게 행동한다는 것은 자기 이익보다는 의리나 진리를 추구하며 남이나 공동체에 봉사하고 이를 위해 윤리적인 수단을 사용하며 법과 도덕을 지키고 정직하게 행동한다는 의미일 것이다. 정치가 주로 전자에 속한다면 신성을 추구하는 헌신적인 삶이 후자에 해당할 것이다. 실제로 우리 행동의 대부분은 이 둘의 어느 가운데 지점에서 일어날 것인데, 이들 가운데 정치 행위가 가장 전자에 쏠린 것으로 우리는 대개 이해한다. 일반인들도 그렇고 심지어 정치인 자신들도 그렇게 생각하는 사람이 많을 것이다. 그런데 이는 올바른 일이 아니다. 정치는 꼭 그런 것이 아니기 때문이다. 다른 까닭을 제쳐 두고라도 정치를 그렇게 생각하지 말아야 할 가장 큰 까닭은 그렇게 생각하면 실제로 그렇게 된다는 간단한 이치 때문이다. 정치인이든 유권자든 정치를 원래 더러운 것이라고 생각하면 정치인은 그냥 더럽게 행동할 것이고 유권자도 욕하면서도 으레 그러려니 할 것이다. 이런 상황에서 누가 더러운 정치를 깨끗하게 만들려고, 아니 그 근처에라도 가게 하도록 노력할 것인가? 정치를 더러운 것으로만, 다시 말해 권력투쟁으로만, 그것도 권력투쟁의 나쁜 면으로만 보는 것은 정치에 대한 가장 원시적이고 초보적인, 또 그래서 가장 지배적인 견해이다. 그러나 정치는 그 이상의 것이다. 정치에 대한 다른 견해들을 보기 전에, 아니 다른 견해들을 더 잘 이해하기 위해 이 관점을 조금 더 살펴보자.

권력은 수단인가 목적인가 | 다시 생각해 보자. 정치가 과연 권력투쟁일 뿐일까? 만약 그렇다면 그냥

권력투쟁이라고 하지 왜 정치라는 말을 붙일까? 그러니, 정치가 권력투쟁일 뿐이라고 생각하는 사람은 별로 없을 것이다. 어쨌든 일단 정치가 권력투쟁이라고 하자. 그러면 사람들은 왜 권력투쟁을 하는가? 다시 말해 왜 사람들은 권력을 갖기를 원하는가? 이를 이해하려면 인간 본성에 대해 생각해 보지 않을 수 없다.

사람들은 본성적으로 권력에 대한 욕구를 가지고 있다. 그뿐만 아니라 권력투쟁은 동물의 세계에서도 흔히 볼 수 있는 생명체의 본성이라고 할 수 있다. 야생 동물들에게서는 흔히 보는 삶의 일부이다. 심지어 식물도 자신의 생존권을 확보하기 위해 영역 투쟁을 한다. 사람도 이런 생명체의 한 종류로서 생명의 법칙을 벗어날 수는 없다. 그런데 사람의 권력투쟁은 다른 동물들과는 좀 다른 면이 있다. 그것은 권력투쟁의 목적에 관한 것이다. 다시 말해 사람이 권력투쟁을 하는 목적은 다른 생명체보다는 더 복잡하다는 점이다.

그러면 생명체는 왜 권력투쟁을 하는가? 가장 기본적으로 각 개체의 생존권을 확보하기 위해서라고 할 수 있다. 이것은 그야말로 생존경쟁이다. 그런데 여기서 한 발 더 나아가면 무리 생활을 하는 동물의 경우 무리 생활의 주도권을 잡기 위한 경쟁이 있다. 우리가 흔히 '동물의 왕국' 같은 제목의 기록물에서 볼 수 있는 장면들이다. 그러면 무리 동물들은 왜 권력투쟁을 할까? 생물학자가 아닌 글쓴이로서는 깊이 들어갈 수 없는 문제이나, 상식선에서 생각하면 크게 두 가지로 볼수 있지 않을까 한다. 하나는 무리 안에서 우월한 위치를 확보하여 권력을 행사하기 위해서이다. 권력을 확보하면 무리의 다른 성원들이 자신에게 복종하고 자신은 그 무리의 사회를 지배하게 된다. 이때 권력은 그 자체가 목적이 된다.

다른 한편 권력투쟁은 무리 안에서의 상하 질서를 확립하여 무리 생활의 안전을 도모하고 더 나아가 번영을 보장하는 역할을 한다. 유능한 우두머리가 무리를 이끌 때 바깥의 적이 무리를 침해하는 것을 효과적으로 막을 수 있고, 또 유능한 우두머리는 먹이가 많은 곳을 잘 찾아내어 구성원들이 배부르게 먹도록 해준다. 또 상하 질서의 확립은 무리 조직 안의 평화를 가져온다. 이 경우 우두머리의 권력 확보는 그 자체가 목적이라기보다는 다른 가치, 즉 무리의 안전, 평화, 질서, 번영의 수단이다. 이 모든 과정을 우리는 정치라고 부른다. 이렇게 보면 권력은 개인의 목적이자 무리의 수단이라고 할 수 있다.

이런 구분은 집단 대 집단의 경우로 가면 좀 달라진다. 이 경우 권력투쟁의 행위자는 개체가 아니라 집단이기 때문에 집단의 권력 확보가 목적이 된다. 집단 사이에 일어나는 정치의 가장 큰 규모는 바로 '세계 정치'라고 불리는 정치현상에서 볼 수 있다. 세계 정치의 경우, 한 국가가 국제 사회에서 높은 권력을 장악하고자 하는 것은 자신을 위한 목적이 된다. 다른 한편 국가나 다른 집단들끼리 국제 사회의 안전과 평화, 번영을 위한 질서 잡기를 꾀하면 이는 권력을 다른 목적을 위한 수단으로 사용하는 경우가 된다. 유엔이나 각종 국제기구들의 역할이 이에 해당한다.

국제 사회에서도 동물 사회에서와 같이 한 우두머리가 지배권을 행사하는 경우가 있었다. 과거 로마 제국이나 중화 제국이 주변 집단들을 지배하여 제국을 형성한 경우가 바로 그랬다. 이 경우 로마와 중국은 주변 지역을 평정하여 권력을 확보함으로써 국제 사회의 평화와 질서를 보장했다. 20세기 후반 미국 국제정치학계에서는 이른바 '패권 안정론'에 대한 논의를 많이 했는데, 그것은 공산권의 몰락 이후 미국이 세계 패권국 비슷하게 되면서 이런 상황이 세계 평화에 이바지하는지를 증명하기 위한 노력이었다. 국제 사회에서든 국내 사회에서든 하나의 강자가 다른 구성원들을 압도하는 상황에서는 질서와 평화가 오는 것이 당연하다. 마치 고릴라 사회에서 확고한 지배자가 있을 때 그 무리에 평화가 오는 것과 같은 이치이다. 그러나 다른 구성원들이 그 상태가 정의롭다고 인정하지 않으면 그 질서에 대한 도전이 생기고 평화는 깨지게 된다. 지금의 세계 정치 상황을 보면, 미국이 군사적으로나 도덕적으로 패권국의 지위를 충분히 확보한 것 같지는 않다. 중국의 도전, 유럽과의 경쟁, 북한 같은 수정주의 국가들의 도전으로 국제 사회는 어수선하다. 그래서 패권 안정이 실현되지 않고 있다. 세계 정치에서는 국내 정치에서와 달리 권력투쟁을 순화시킬 정부 기관이나 법체계가 존재하지 않으며, 존재하더라도 그 효력이 약하기 때문에 거친 무력 투쟁이 빈번하게 일어난다.

어쨌든 어느 수준의 정치에서든지 권력 욕구는 인간 본성의 일부분으로 보인다. 이를 어떻게 '잘' 발현시키느냐가 문제다. 어떻게 보면 이 '잘'이라는 말에 참된 정치의 본질이 있는지도 모른다. 적나라한 권력투쟁은 홉스가 말한 만인의 만인에 대한 투쟁 상태를 유발하여 사람 사회를 지옥처럼 만들 것이기 때문이다. 권력투쟁을 온화한 모습으로, 인간적인 모습으로, 합리적인 모습으로, 인간 삶을 향상시키는 모습으로 이끌어 가는 것이 '잘된' 정치, 또 '참된' 정치의 본질이다. 그렇지 못한 것은 그냥 권력투쟁이지 정치가 아니다. 이렇게 보면 정치를 단순히 규정하여 "권력투쟁이 정치"라고 하는 것은 잘못된 명제이다. 정치는 권력투쟁에 관한 것이기도 하고 그 이상이기도 하다.

그러면 '그 이상'의 정치라는 것은 무엇을 말하는가? 이에 대해 말하기 전에 권력투쟁에 관한 정치를 조금 더 자세히 보자. 권력투쟁의 정치는 권력 획득 과정의 정치와 권력 행사의 정치로 나누어 볼 수 있다.

권력 획득의 정치, 권력 행사의 정치 | 정치가는 어떤 방법으로 정치권력을 얻는가? 여기서 말하는 정치권력은 주로 국가의 최고 권력을 말한다. 이전의 왕조 시절에는 권력이 세습되었다. 임금이 주로 아들에게 물려주었고, 그 과정에서 아들들 사이 또는 아들과 아버지 사이의 권력투쟁이 일어나기도 했다. 때로는 딸이나 친척이 당사자가 되기도 하면서 그들을 둘러

싼 귀족들도 함께 어우러진 힘겨룸을 통해 권력을 획득하기도 했다.

현대 사회는 군주제가 대부분 폐지되고 선출을 통해 최고 권력자가 정해지는 '공화국'이 되었다. 세습에 가장 대비되는 권력자 선정 방법은 '선거'이다. 모든 공화국은 일정한 형태의 선거를 통해 최고 권력자를 선출한다. 대부분의 군주국도 입헌군주제를 채택하고 선거를 통해 정부를 구성한다. 영국에서처럼 "왕은 군림하나 통치하지 않는다"는 말은 이를 두고 하는 말이다.

이런 점에서 보면 현대 사회에서는 정치권력의 획득 방법으로 선거가 가장 높은 지위에 있음을 알 수 있다. 심지어 독재국가나 전체주의 사회에서도 정부나 정당 고위직들은 선거를 통해 뽑는다. 일당 독재를 넘어 심지어 세습체제로까지 굳어진 북한에서조차 권력 계승이 선거라는 형식을 통해 이루어진다. 여기서 그 선거가 얼마나 공정한 것인지는 물론 다른 문제다. 북한은 스스로 공화국이라고 부르기를 즐기는데, 권력자가 선출된다는 점에서 공화국이라고 할 수 있지만, 그것은 민주공화국이 아니고 독재공화국이다. 권력자가 민주적으로 선출되지 않기 때문이다. 김정일, 김정은 체제에 와서는 권력이 세습되었으니 정말 공화국인지마저도 의심스럽게 되었다.

선거 절차가 확립되어 있지 않은 정치 후진국이나 불안정한 사회에서는 선거가 부정과 부패로 얼룩지는 경우가 많다. 주로 권위주의 독재국가들의 경우이다. 대한민국도 1987년까지 권위주의 독재를 경험했다. 정치가 가장 후진적이었던 이승만 정부(1948~1960년) 시절에는 부정선거가 극에 달했다. '막걸리 선거', '고무신 선거'에다 투표함 바꿔 치기 등의 불법행동들이 난무했는데, 그 결과 이승만 정부는 마침내 학생과 시민들의 대규모 봉기를 통해 몰락하고 말았다.

정치권력의 획득이 선거를 통해서만 이루어지지 않는다는 점은 대한민국의 역사가 잘 증명한다. 이승만 정권의 뒤를 이은 장면 정부는 내각책임제로 헌법을 바꾸고 민주주의를 심기 위해 노력했지만, 그 민주주의가 정부 능력에 비해 너무 높은 것이었던지, 정치 혼란을 이기지 못하고 결국 군부 쿠데타로 무너지고 말았다. 군부 쿠데타는 1950~1960년대에 신생국들에 유행병처럼 번진 정치현상이다. 그야말로 적나라한 권력투쟁의 양상이었다. 그만큼 군부가 민간 사회나 정치인들에 비해 더 강력하고 더 발달해 있었다는 증거이다.

정치권력 획득의 또 다른 적나라한 방법은 무력 투쟁으로, 혁명이나 내전의 경우다. 쿠바의 카스트로 혁명(1959년)과 베트남 통일 전쟁이 대표적이라 할 수 있겠다. 한국이 경험한 군부 쿠데타도 규모는 작지만 비슷한 범주에 속한다고 할 수 있다. 선거뿐만 아니라 이런 무력 투쟁의 과정도 정치과정의 일부이다. 이런 폭력 사태가 빈번한 것이 개발도상국 또는 정치 후진국의 고질병이라고 할 수 있다.

권력 행사의 정치는 다른 말로 해서 일단 획득한 권력을 권력자가 무엇을 위해 사용할 것이며 또 어떻게 사용할 것인지에 관한 문제라고 할 수 있다. 그러면 권력자는 무엇을 위해 권력을 사용하는가? 첫째, 자신의 이익을 위해 그렇게 할 것이다. 권력을 이용하여 다른 사람 위에 군림하고 사회를 지배하며 재물을 모으기도 한다. 권력을 이용하여 인간의 기본적인 욕망을 채운다. 권력자는 자신의 권력을 지키기 위해 합법적인 모든 방법을 사용할 것이고, 때로는 불법 행동도 마다하지 않을 것이다. 합법 행동에만 의존하는 권력자는 선한 권력자일 것이고, 불법 행동도 마다하지 않는 권력자는 악한 권력자일 것이다.

둘째, 권력자는 자신의 권력을 사회 구성원들 사이의 이익 조정을 위해 사용할 것이다. 정부의 지도적 위치에 있는 정치인들은 사회 구성원들의 안녕과 합리적인 이익 배분을 위해 노력할 것이다. 또는 그렇게 해야 할 것이다. 국가의 안전을 위해, 사회의 발전을 위해, 구성원들의 복지를 위해 자신의 권력을 사용해야 할 것이다. 그렇게 잘하는 권력자는 유능한 권력자일 것이고, 잘 못하는 권력자는 무능한 권력자일 것이다.

그런데 권력 사용은 권력자가 마음대로 하는 것이 아니라 일정한 법과 규칙, 그리고 때로는 도덕률을 따라야 한다. 적어도 법치주의 사회에서는 그렇게 하지 않을 수 없다. 법치주의 사회에서는 법이 정한 바에 따라 권력을 행사하고, 민주주의 사회에서는 구성원 다수의 뜻에 따라 그렇게 한다. 민주주의 사회는 모두 법치주의 사회라고 할 수 있다. 법을 제대로 따르지 않고 권력자가 마음대로 하는 경우도 있지만, 그 경우 권력자는 언젠가는 반대파의 도전으로 몰락하게 된다. 그러한 무단정치와 권력의 횡포는 정치적 정당성을 얻지 못하기 때문이다. 로마의 네로 황제와 조선조의 연산군, 그리고 우간다의 이디 아민 대통령 같은 경우들에서 잘 나타난다.

그런데 권력에는 스스로 확장하고자 하는 본성이 있다. 권력자는 자신의 권력을 확장하거나 임기를 연장하고 싶은 욕구를 쉽게 느낀다. 권력의 자기 확장 본성이다. 그래서 권력은 그대로 놓아두면 한 사람이나 한 집단에 집중되는 경향을 보인다. 전제 사회에서는 말할 필요도 없고 현대 민주 사회에서도 이런 경향은 사라지지 않는다. 그래서 나온 것이 다양한 형태의 권력 견제 장치이다. 그런 장치가 잘되는 곳이 민주 사회이고 안 되는 곳이 권위주의 독재 사회라고 할 수 있다. 권력 집중의 전횡을 막기 위해 민주 사회는 법과 제도를 통한 견제 장치를 마련한다. 헌법의 중요성을 강조하는 헌정주의, 법의 지배를 강조하는 법치주의가 그것이고, 정치제도로는 입법, 행정, 사법의 세 가지 권한을 각각 다른 기관에 부여하는 삼권분립 제도를 들 수 있다. 특히 입법부화 행정부의 권력 분립이 권력 집중을 막는 데 중요한 역할을 한다.

헌법재판소가 중요한 정치적 결정에 대해 헌법에 부합하는지 여부를 가리는 것도 권력 분산의 한 장치라고 할 수 있다. 이런 일을 우리는 노무현 정부 시절(2003~2008년)에 두 번이나 보았는데, 하나는 야당인 한나라당이 발의하고 국회가 통과시킨 대통령 탄핵안을 헌법재판소가 기각한 것이고, 다른 하나는 정부의 수도 이전 계획에 대해 헌법재판소가 위헌 판정을 내린 것이다. 김대중 정부(1998~2003년) 때 만들어진 헌법재판소는 이런 의미에서 한국 민주주의의 제도적 발전에 기여했다고 볼 수 있다. 이 말은 위 결정들이 옳았는지 아니었는지와는 관계없이 중요한 국가 결정에 대한 제도적 검증 절차가 확립되었다는 뜻에서이다.

정치는 이익 조정인가 | 그런데 앞에서 정치는 권력투쟁 이상의 것이라고 강조했다. 그러면 정치에 대한 다른 견해로는 어떤 것들이 있을까? 현대 정치학, 특히 미국 정치학에서 대표적인 정치의 개념 규정은 "정치는 가치의 권위 있는 배분"이라는 정의이다. 다시 말해 "누가, 무엇을, 어떻게 얻나"에 관한 것이라고 한다. 앞의 것은 데이비드 이스턴의 견해이고, 뒤의 것은 헤럴드 라스웰의 것이다. 둘 다 영미 정치학을 대표하는 학자들이다.

가치의 권위 있는 배분이라는 것은 사회의 여러 가지 가치, 경제학식으로 말하면 가치 있는 재화들을 사회 각 구성원들이 나누어 가져야 하는데, 그냥 두면 홉스식으로 너 죽고 나 살기 투쟁이 벌어지기 때문에 이를 '잘' 나누어 줄 권위체가 필요하고, 그것이 정부이고 정부가 이를 권위 있게 나누어 주는 것이 정치라는 것이다. 여기서 '권위 있게'라는 말은 나누는 방식이나 결과에 대해 사회 구성원들이 정부의 권위를 인정한다는 말이다. 권위를 인정하지 않으면 이에 대한 도전이 생기고, 이 도전을 다시 효과적으로 '권위 있게' 조절하면 그것은 유능한 정부가 되고 그 사회는 안정을 유지할 수 있다. 그렇지 못하면 그 정부는 정당성을 잃게 되고 사회는 불안하게 된다. 이런 개념 규정을 라스웰 방식으로 말하면, 누가 무엇을 어떻게 얻는가에 관한 문제가 되고, 그 얻는 방식과 결과를 정부가 권위 있게 규정하게 된다는 것이다.

물론 사회주의 사회가 아니라면 정부가 인민에게 재화를 직접 나누어 주지는 않는다. 자본주의 사회에서는 시장 경제를 통해 재화의 분배가 주로 이루어진다. 그러나 여기에서도 분배의 방식과 절차에 대한 규범과 규칙을 정부가 만들기 때문에 정부의 '권위 있는 배분'은 여전히 매우 중요하다고 할 수 있다.

정치에 대한 이런 견해는 비교적 안정된 선진 민주주의 국가에 잘 적용될 수 있다. 정부의 권위가 비교적 확립되어 있고 다양한 사회 세력들 사이에 상호작용의 규칙과 규범이 비교적 잘 짜여 있으며 무엇보다 나누어 가질 '가치'가 비교적 풍부한 곳에서는, 가치의 또는 재화의 분배 절차와 결과에 대해 분배받는 당사자들이 비교적 수긍하고 그 분배과정을 주도하는 정부의 권위를 대체로 인정한다. 한마디로 정치가 안정된 사회이다. 물론 이런 곳에서도 격렬한 이익 투쟁이 벌어지기도 한다. 자본가와 노동자가 충돌하고 노동자의 파업이 속출하며 학생들이 시위하고 이주 노동자에 대한 본국인들의 폭력 공격도 나타난다. 독일이나 프랑스 같은 데서 최근에 많이 경험하고 있다.

그러나 이런 일들도 체제 자체를 뒤흔들 만한 정치 불안을 조성하지는 않는다. 비교적 행동의 규범이 확립되어 있기 때문이다. 이런 이익 갈등을 어떻게 효과적으로 조정하는지는 정부의 역량뿐만 아니라 사회 전체의 역량에 달려 있다. 그런데 이런 선진 민주주의 사회와는 달리 나누어 가질 가치도 부족하고 나누는 절차에 대한 합의도 제대로 없는 정치 후진국이나 빈곤국에서는 이익 갈등의 조정이 체제 안에서 이루어지지 못하고 체제 바깥으로 튀어 나가는 경우가 허다하다. 정치 후진국에서 벌어지는 수많은 정치 혼란이 바로 이런 경우이다.

　정치를 재화의 분배과정으로 보는 관념은 한마디로 정치를 '이익 조정'으로 보는 관점이다. 이런 관점은 비단 정치학뿐만 아니라 현대 경제학의 중심 과제이기도 하다. 여기서 정치학과 경제학의 교차점을 본다. 실제로 미국식 정치학이 지배하는 현대 정치학에서는 경제학의 방법론을 대거 빌려 와서 사용한다. 행위자들의 상호작용을 일종의 게임 경쟁으로 보고 어떤 상황에서 어떻게 행동하는 것이 이익을 극대화하는, 즉 게임에서 이기는 것인지를 주로 탐구하는 '게임이론'이라든가, 이것의 이론적 근거를 제시하는 이론으로, 이러한 게임에서 행위자의 합리적 또는 합목적적 선택 과정에 주목하는 '합리적 선택론' 같은 데서 두드러진다. 이러한 방법은 수학 모델이나 통계학적 분석을 주로 이용하는데, 이는 계몽주의 시대 이후 특히 영국과 미국에서 번창한 경험주의 철학과 실증주의 방법론의 일환이라고 할 수 있다.

　정치를 이익 조정의 과정으로 보는 관점은 권력투쟁으로 보는 관점보다 분명히 더 세련된 측면이 있다. 하지만 둘은 본질상 같은 지적 관점을 반영한다고 할 수 있다. 그것은 인간을 원래 이기적인 동물로 보고, 이기적인 동물들이 권력이나 재화를 서로 많이 차지하기 위해 경쟁하는 과정에서 이를 권위체가 조정하는데, 그 과정의 전부 또는 일부에 초점을 맞추어 그것을 정치의 본질이라고 보는 관점이다. 이런 관점들은 그 자체로서는 별 하자가 없는 것 같고, 또 일반인들의 상식에도 부합되는 것 같다. 그리고 특히 정치의 부정적인 측면에 더 민감한 많은 사람의 정서와도 부합하는 것 같다.

그러면 정치는 과연 이런 것인가? 그래서 정치는 더러워질 수밖에 없는가? 앞에서도 강조했지만, 반드시 그렇게는 볼 수 없다. 왜냐하면 권력투쟁이나 이익 다툼을 효과적으로 또는 정의롭게 '해결' 또는 조정하는 권위체—이 경우 대부분 정부—의 노력이나 효과적인 해결은 더럽기는커녕 오히려 매우 가치 있고 심지어 아름다울 수도 있기 때문이다. 고대 그리스의 정치적 이상이라든가 "정치는 오케스트라 연주와 같다"는 말들에서 정치의 아름다운 일면을 느낄 수 있다.

더 나아가 정치를 이기적인 재화 배분 싸움과 그 조정에 국한하는 것은, 특히 정치학자로서 왠지 정치에 대한 예의가 아닌 것 같은 생각도 든다. 우리가 정치를 떠나서 살 수 없는 것이 사실인데, 그 정치가 지저분하고 더럽기만 하다면 우리 삶 또한 그렇지 않겠는가? 그러니 정치가 권력투쟁이나 이익 다툼만이 아닐 것이 틀림없다. 적어도 그렇게 믿는 것이 우리의 행복감을 위해 중요하다. 정치는 그런 것보다 고

매한 무엇이어야 하고 또 무엇일 수 있다. 그것이 이 책을 쓰는 글쓴이의 핵심 주장이다.

정치의 영역 │ 이제 우리는 정치가 권력투쟁이나 이익 조정만은 아니라는 점을 알게 되었다. 그리고 정치가 더러운 것만은 아니라고도 했다. 이 문제를 앞으로 더 상세히 다루어야 하는데 이는 다음으로 미루기로 하고, 그 전에 정치가 일어나는 터에 대해 더 알아볼 필요가 있다. 정치는 과연 어느 곳에서 일어나는 일일까 하는 말이다. 사람은 정치적 동물이라고 하는데, 그 말은 사람이 사는 데는 언제나 정치가 일어난다는 말일까? 다시 말해 정치는 사람 사는 곳 아무 데서나 일어나는 것인가?

누구든 혼자 있을 때는 정치라는 현상이 일어날 수 없다. 둘이 있을 때도 마찬가지라고 할 수 있다. 적어도 셋 이상이 있을 때 정치가 나타날 가능성이 있다. 내가 어느 친구와 친한데, 다른 친구가 자기와 더 친하기 위해 내게 선물을 하거나 다른 친구를 모함하거나 해서 자신에게 나를 끌어들이면, 이때 우리는 일종의 '정치'를 보게 된다. 그러나 이런 '정치'는 아주 초보적이고 원시적인 형태의 정치라고 할 수 있다. 우리는 이런 작은 무리에까지 정치라는 말을 적용하지는 않는다.

정치는 가정에서도 일어난다. 남편과 아내는 집안에서 심심찮게 권력투쟁을 벌인다. 돈 관리, 아이 양육 방법, 시부모와 장인, 장모에 대한 처우 등등에서의 결정권을 놓고 크고 작은 경쟁을 벌인다. 투쟁까지는 아닐지 몰라도 가정의 주도권을 둘러싼 권력 경쟁이 늘 일어난다. 이런 경쟁은 금슬 좋은 부부 사이에서도 없을 수 없는 현상이다. 이런 일은 사람의 본성이기도 하고 조직의 본성이기도 하다. 가정도 하나의 조직으로 효율적인 작동을 위해서는 구성원들 사이의 권력 구조와 서열관계, 그리고 분업체계가 확립되어야 하기 때문이다. 이런 일은 부부 사이뿐만 아니라 부모 자식 사이, 형제 남매 사이에서도 마찬가지다. 이런 일을 가족 정치라고 할 수 있을지 모르나 이런 용어를 쓰는 경우는 별로 없다. 가족은 '비정한' 권력투쟁보다는 사랑으로 '통합'되어야 한다는 이상이 있기 때문일지도 모른다.

그 반면 우리는 대학 정치나 협회 정치 같은 말은 자주 사용한다. 대학이나 협회 같은 데서 실제로 정치현상이 일어나기 때문이다. 국가 정치에서 볼 수 있는 권력투쟁과 권모술수가 각 조직의 행정권을 둘러싸고 언제나 벌어지기 때문이다. 대학 총장 선거에서 우리는 대통령 선거와 비슷한 정치의 양상을 본다. 후보자 경쟁, 선거자금 투입, 선거운동, 동지 끌어들이기, 투표행위, 때로는 흑색선전이나 불법 행위들을 흔히 본다. 또 대학 총장이 국가 대통령과 마찬가지로 해당 대학의 발전과 구성원의 복지나 통합을 공약하고 그 실천을 위해 노력하는 모습을 본다. 국가 정치와는 규모가 다르지만, 이런 모습에서 정치의 구성요소 대부분을 볼 수 있다.

하지만 역시 정치라고 하면 나라 차원의 정치가 대표적이다. 특별한 경우가 아니면 사람들은 정치를 이야기할 때 나라 정치를 말하며, 이를 정부의 행동과 연관 짓거나 심지어 동일한 것으로 파악한다. 실제로 많은 정치학자가 정치라는 말을 정부 행동이나 나라 정치로 국한하여 사용하고 있다. 나라 정치가 아닌 다른 차원에서 흔히 사용하는 정치라는 용어는 지방 정치와 세계 정치를 들 수 있다. 지방 정치는 나라 정치보다 영역이 작고 세계 정치는 더 크다고 할 수 있다. 이들은 비단 규모가 다를 뿐만 아니라 그 성격도 많이 다르다. 대부분의 정치학자는 지방 정치나 세계 정치는 나라 정치에서 파생되는 것이거나 아니면 주변적인 정치현상으로 간주하는 경향이 있다. 이렇게 서로 다른 정치의 차원에 대해서는 관련되는 범위 안에서 그때그때 설명하기로 한다.

정치는 이렇게 다양한 수준의 인간생활에서 일어나는데, 하지만 어느 수준에서든지 정치는 사적인 영역이 아니라 '공적'인 영역, 다시 말해 '공공 영역'에서 일어나는 현상이다. 남자와 여자의 사랑, 부모의 자식에 대한 사랑이나 자식의 부모에 대한 효도는 공공 영역이 아니라 사적인 영역에서 일어나는 인간관계이다. 물건을 팔아서 돈을 버는 일, 친구를 만나 대화를 나누는 일, 운동을 하고 영화를 보는 일, 아이를 낳고 키우는 일, 돈을 빌리고 갚지 않는 일, 돈을 갚지 않는 사람을 찾아내어 협박하는 일, 이런 모든 일은 공적인 일이 아니라 사적인 일이다. 따라서 정치와는 직접 관련이 없다.

그러면 공공 영역의 공적인 일이란 무엇을 말하는가? 공적인 일은 공공의 일과 같은 뜻으로, 자연인 개개인의 사적인 일이 아니라 "사회의 일반 구성원에게 공동으로 속하거나 두루 관계되는" 일을 말한다. 그 궁극적이고 대표적인 형태가 정부와 그 정부를 토대로 한 국가 조직의 일이라고 할 수 있다.

　따라서 인간생활 가운데 정치와 직접 관련이 없는 영역이 매우 많다는 것을 알 수 있다. 사람에 따라서는 정치에 전혀 관심 없이 살아갈 수도 있다. 그러나 어느 누구도 정치의 영향을 벗어나서 살아갈 수는 없다. 정치와 직접 관련이 없는 영역도 직간접적으로 정치의 영향을 받아 형성되고 변하는 것이다. 쉬운 예로 최근 국내에서 걱정거리로 대두된 출산율 저하를 보자. 여성들이 아이를 낳고 안 낳고는 정치와는 전혀 관계없는 개인적이고 사적인 일이다. 그러나 국가의 보육정책이 얼마나 잘되어 있는지에 따라 출산율이 올랐다 내렸다 하는 것을 보면 꼭 그렇게 볼 일만도 아니다. 아이 낳는 것을 부부가 결정하는 것처럼 보이지만, 정치의 요소가 뒤에서 상당한 역할을 하는 것을 볼 수 있다.

　이렇게 사적인 영역에까지 정치가 영향을 미치는 것을 보면 사람의 삶에서 정치와 전혀 관계없는 영역은 그리 많지 않다는 점을 알 수 있다. 이런 정치적 삶을 가장 강력하게 주장한 것이 앞서 본 아리스토텔레스의 명제가 나타내는 고대 그리스 민주정의 삶이었을 것이다. 거기서는 시민들이 모두 정치에 참여하도록 강제되었고 주요 현안들에 대해 직접 투표에 참여하여 정책 결정을 했다. 시민의 삶뿐만 아니라 인간의 덕성 자체가 정치참여를 통해서만 완성될 수 있다는 것이 그들의 생각이었다. 이에 비해 현대 사회에서는 정치참여에 대한 시민의 관심이 크지 않다. 사적인 생활에 빠져 정치에 무관심한 사람들의 비율이 매우 높다. 사회가 안정되고 물질적으로 풍요한 이른바 후기 산업사회에서 그런 현상이 두드러진다. 이는 정부와 정치인에 대한 시민들의 불신 때문이기도 하지만, 다른 한편으로는 정치에 무관심하고도 삶을 영위할 수 있을 정도로 물질적 조건이 충족되었기 때문이기도 하다. 이들의 삶 역시 실제로는 정치에 큰 영향을 받고 있지만, 거기에 관심을 두지 않고도 사는 데 별 지장이 없다고 느끼기 때문이다. 이러한 '정치적 무관심'은 현대 정치가 당면한 커다란 문제 가운데 하나이다. 사람들이 정치에 무관심하면 자신의 삶에 큰 영향을 미치는 정치를 통제할 가능성이 그만큼 줄어든다. 그러면 민주주의가 훼손될 가능성이 그만큼 커진다. 이에 대해서는 나중에 좀 더 자세히 언급할 것이다.

02   정치는 무엇이어야 하는가

앞 장에서 우리는 정치가 권력투쟁과 같은 것이 아니고 그렇다고 이익 조정만도 아니라는 점을 분명히 했다. 정치는 그 두 가지이기도 하지만, 동시에 그 둘을 넘어서는 것이기도 하다. 그러면 그 정치는 무엇이며 또 무엇이어야 할까? 이를 이해하기 위해서는 정치가 품고 있는 여러 차원을 구분할 필요가 있다. 정치는 여러 차원으로 구분할 수 있겠지만, 여기서는 편의상 단순화하여 '작은 정치'와 '큰 정치'로 구분해 보자.

작은 정치와 큰 정치:
권력투쟁과 사회정의의 실현

작은 정치 가운데서도 가장 작은 정치는 권력투쟁의 정치이다. 그런데 권력투쟁 중에서도 더 작은 정치는 정치인이나 기타 정치 행위자들이 자신의 개인 이익을 위해 싸우는 경우이다. 그다음이 자신이 속한 당이나 집단의 이익만을 위해 싸우는 정치이다. 우리가 한국의 현실 정치에서 너무나 익숙하게 보는 것이 바로 이 차원의 정치이다. 물론 한국만이 그런 것은 아니고 민주 국가라고 하는 다른 나라들에서도 이러한 사정은 비슷하게 나타난다. 단지 한국의 경우가 우리에게 훨씬 더 이해하기 쉽기 때문에 이 책에서는 한국의 보기를 자주 들 뿐이다.

2018년 현재로 보면 정부 여당인 더불어민주당과 야당인 자유한국당 등이 싸우고 있는데, 그들이 특정 정책이나 국가 발전의 대안을 가지고 싸우는 것이 아님이 명백하다. 그들 사이에 정책이나 노선의 차이가 없는 것은 아니지만, 그 차이가 타협 못할 정도는 아니다. 싸우는 대부분의 사안이 권력을 서로 많이 갖기 위한 것이어서, 그들 사이의 싸움은 대부분의 경우 상대방보다 정치적 우위에 서기 위한 싸움일 따름이다. 국회의원 개인의 가장 큰 관심사는 다음 선거에서 다시 당선되는 것이고, 정당의 가장 큰 관심사는 다음 선거에서 다른 당보다 많은 의석을 확보하거나 최소한 지금보다 세력을 키우는 것이다. 이런 노력들은 사실 당연한 것이다. 그것 자체를 문제 삼는 것은 아니다. 문제는 그들이 말하는 국가 발전이나 민생 안정은 그야말로 말에 그칠 뿐이고 실제 행동은 모두 자신의 이익 확장에만 초점이 맞추어져 있다는 사실이다. 이것이 작은 정치이다. 맹자는 오래전에 '이익'의 정치를 하지 말고 '의'의 정치, 곧 정의의 정치를 하라고 했는데, 중국이든 한국이든 현실 상황에서 이것이 실현되기는 쉽지 않다. 우리가 주로 보는 것은 눈앞의 이익과 권력만 좇는 작은 정치들이다.

그러면 작은 정치와 대비되는 큰 정치는 어떤 정치를 가리키는가? 작은 정치가 공익 실현을 핑계로 사익을 실현하려고 하는 것이라면,

큰 정치는 국가 발전의 청사진을 가지고 공공 이익(공익)을 실현하는 것이다. 또 그것을 통해 궁극적으로 사회정의를 실현하는 것이다. 권력투쟁과 이익 다툼의 작은 정치는 그 자체가 목적이라기보다는 공익과 사회정의 실현의 큰 정치를 이루기 위한 수단으로 존재해야 한다. 결국 정치의 최고 목표는 **공익을 정의롭게 실현**하는 것이라고 말할 수 있다.

그런데 여기서 매우 어려운 문제가 생긴다. 바로 공익을 사익과 어떻게 구별할 것이며, 사회정의가 과연 무엇인가 하는 문제이다. 사익과 공익을 구별하는 것은 모호한 경우도 있지만 비교적 쉬워 보인다. 더 어려운 문제는 사회정의를 규정하는 일이다. 수많은 사람이 이 문제를 가지고 고심해 왔다. 고대 그리스의 철인 플라톤도 이 문제로 고심했고, 존 롤스를 비롯한 현대의 정치철학자들도 마찬가지 고민을 했다. 여기서 이 문제를 본격적으로 다루기에는 글쓴이의 역량도 부족하고 책의 성격에도 맞지 않는 것 같다. 단지 말할 수 있는 것은, 사회정의의 실현은 **재화를 공정하게 분배하고 법과 질서를 합리적인 범위 안에서 유지하며 사회 구성원들 사이의 불평등과 차별을 줄이는 것**을 의미한다고 할 수 있다. 물론 여기서도 재화를 공정하게 분배한다는 것이 어떻게 한다는 것이냐 하는 등의 질문이 쏟아질 수 있지만, 이는 정치철학의 복잡한 문제이므로 논의하지 않으려고 한다.

그런데 사회정의의 실현이라는 정치의 과제는 사실 새로운 말은 아니다. 많은 사람이 이런 말을 해왔다. 비단 정치철학자만이 아니라,

또 위대한 정치가만이 아니라 전두환 같은 사람도 국민의 환심을 사기 위해 사회정의 구현, 복지사회 건설 등을 국정 목표로 제시한 바 있다.* 이렇게 보면 정의는 민주주의자이든 독재자이든 아무도 거스를 수 없는 정치적 가치라고 할 수 있다. 이는 고대에서 현대에 이르기까지 정치적 가치로서 자유나 평등이나 민주주의보다 더 확고한 자리를 얻었다고 할 수 있다. 속으로는 다를지라도 적어도 겉으로 사회정의의 가치를 부인할 사람은 없다. 그 반면 자유나 평등이나 민주주의는 모두 고상한 정치적 가치이기는 하지만 이를 깎아내리거나 심지어 부인하는 사람들도 심심치 않게 있다. 이렇게 보면 정의라는 정치적 가치는 자유나 평등, 민주주의보다 더 보편적인 가치로 간주된다고 할 수 있다.

<hr>

*

그런데 글쓴이는 여기서 한 발 더 나아가 사회정의의 실현 자체도 더 높은 목적을 위한 한 수단이라는 점을 제시하고 싶다. 그러면 그러한 더 높은 목적은 무엇일까? 글쓴이는 여기서 사회 구성원들의 '행복'의 증대를 들고자 한다. 이 문제는 정치 담론이나 학술적인 정치 연구에서 제대로 각광받지 못한 문제이기 때문에 여기서 깊이 있게 들어갈 수 없다. 글쓴이 자신도 아직 이에 대한 깊이 있는 연구를 하지는 못했다. 단지 강조하고자 하는 것은 정치의 궁극적인 목표는 결국 사회 구성원들의 행복 증대라는 점이다. 이에 대해 바로 반박할 사람은 많지 않을 것이다. 그러나 이를 한 꺼풀 벗겨 들어가 보면 무엇이 행복을 가져다주는가에 대한 경험적, 철학적 논쟁이 벌어질 소지가 매우 크다. 이쯤에서 이에 대한 논의를 중단하고자 하는 또 다른 까닭이 여기에 있다. 행복의 문제를 정치 영역에서 본격적으로 다룬 사람은 제러미 벤담과 그 후예들이다. 그들이 추구한 '최대 다수의 최대 행복'은 정치의 궁극 목표로 그럴듯하지만, 문제는 그들이 누가 얼마만큼의 행복을 가질 것인가에 대해서는, 다시 말해 분배 문제에 대해서는 별 관심이 없었다는 점이다. 행복 추구의 정치가 '행복의 분배' 문제를 다루어야 하는 것은 명백하다.

정치와 행정 | 그런데 이런 사회정의 실현 목표를 구체적으로 실천하는 것은 행정이라는 과정을 통해서이다. 현대 사회에서는 정부구조를 입법부, 행정부, 사법부로 나누는 것이 일반적이다. 그런데 여기서 사법의 경우는 정치 영역으로 취급하지 않는 것이 보통이다. 그래서 입법부와 행정부의 역할을 주로 정치의 영역으로 인식한다. 그런데 이 가운데 입법 활동이 정치 활동이라는 점은 의문의 여지가 없지만, 행정 활동을 정치 활동의 일부라고 하는 것은 모호한 점이 있다.

크게 보면 행정도 정치의 한 부분이라고 할 수 있지만, 좀 더 세분화해서 보면 정치와 행정은 서로 다른 성격을 지닌다고 할 수 있다. 20여 년 전에 대통령 후보로 거론되던 고건 전 국무총리가 대통령 선거에 뛰어드는 것을 포기하겠다는 선언을 했다. 그러면서 정치인들이 자신을 너무 이용하려고만 한다고 불평했고, 그 부인은 평생 행정만 해온 분이라 정치가 생리에 맞지 않았을 것이라고 말했다. 여기서 우리는 정치와 행정의 차이를 본다. "그분의 생리에 맞지 않는 정치"라는 것은 위에서 본 권력 다툼 과정을 가리킨 것일 것이다. 고건 씨가 해온 행정 업무는 위계질서와 조직논리에 따라 합리적이고 일사불란하게 움직이는 일상 업무였을 것이다. 아니면, 현실은 그렇지 못하더라도 그런 이상을 가지고 움직이는 것이었을 것이다. 물론 행정기관 안에서도 일종의 정치현상, 다시 말해 위에서 본 '작은' 의미의 정치가 일상사로 벌어진다. 그러나 그것은 행정의 본질은 아니고 마치 대학이나 협회에서 일어나는 것과 같은 모든 집단생활에서 나타나는 정치현상이다. 그러한 관료적인 행태와 관습에 익숙한 고건 씨로서는 정치인들의 권력 다툼과 이를 향한 술수 부리기가 불편했을 것임에 틀림없다.

이를 개인의 경험에 나타난 '작은' 정치와 행정의 차이라고 할 수 있다면, 더 일반적인 차원에서 정치와 행정을 구분해 볼 수도 있다. 간단히 말하자면, 정치는 위에서 보았듯이 권력투쟁과 이익 조정을 통해 사회정의를 실현하는 공적 행위라고 할 수 있는 반면, 행정은 그러한 목적을 위해 실제 정책을 펼치는 행위를 말한다. 예를 들자면, 노무현 정부가 결정했던 행정수도 건설은 기본적으로 정치적인 결정이었다. 그러나 그러한 정치적 결정을 실제로 집행하는 행위, 곧 행정수도 건설을 위해 땅을 매입하고 건물을 짓고 도로를 건설하는 행위는 행정의 영역이라고 할 수 있다. 아니, 그것은 토목의 영역일지 모르지만, 그 토목을 어떻게 할 것인지를 관공서가 결정하는 것은 행정 행위라는 말이다.

이렇게 보면, 훌륭한 행정가가 반드시 훌륭한 정치가가 되리라는 보장도 없고, 반대로 훌륭한 정치가가 반드시 훌륭한 행정가가 되리라는 보장도 없다. 행정가의 덕목은 체계적인 사고와 조직적 행동, 그리고 일을 꾸려 가는 추진력일 것이다. 그 반면 정치가의 덕목은 여러 다른 이익집단 사이, 여러 다른 정치 세력 사이의 경쟁과 갈등을 조정하고 국가 발전의 방향을 제시하여 그쪽으로 전체 구성원을 이끌고 나갈 능력일 것이다. 이런 점에서 '행정의 달인' 고건 씨가 과연 훌륭한 대통령이 될 수 있었을지는 장담할 수 없다.

현대 사회는 행정의 비대화 현상이 한 특징이다. 국가 행정이란 한마디로 쉽게 말하자면 '나라 살림을 꾸리는 것'이라고도 할 수 있다. 나라 살림을 꾸리다 보면 크고 작은 일들이 매우 많이 생기고 다양하게 얽힌다. 그러다 보면 분야별로 전문가들이 필요하게 되고, 복잡한 사회의 살림을 체계적으로 꾸리기 위해서는 전문 직업 관료들의 역할이 커질 수밖에 없다. 그러다 보니 자연히 나라 살림에 대한 직업 관료들의 몫이 커지는 경향이 있다. 그런데 전통적으로 행정이나 통치에 관련된 부분들을 행정부나 관료 기구들이 담당하는 것은 당연하다고 할지라도, 입법 활동에서조차 행정부의 역할이 커진 것은 바람직한 일이라고 하기 힘들다.

한국뿐만 아니라 다른 대부분 나라에서도 의회보다는 행정부에서 발의하는 법안이 더 많은데, 바로 그러한 현상이 행정부가 나라 살림과 입법 활동을 주도하는 좋은 증거가 될 수 있다. 이렇게 되는 가장 큰 이유는 앞서 말한 바와 같이 행정 관료들이 각 부서에 해당되는 업무에서 실무 경험과 전문 지식을 정치인보다 더 많이 가질 수밖에 없기 때문이다. 이런 행정부 주도 현상을 개선하기 위해서는 입법 의원들의 전문화와 더 활기찬 입법 활동이 필요하다. 입법부는 말 그대로 법을 만드는 부서인데, 그 이름값을 제대로 해야 민주주의의 기본인 삼권분립이 제대로 이루어질 수 있다. 요즘 들어 한국에서 국회의원이나 지방의회 의원들의 전문화와 이에 입각한 입법 활동이 향상되는 것은 바람직한 현상이라고 할 수 있다.

정치와 기업 경영 | 1997년 외환위기 이후 경제가 어려워지고 신자유주의 이념이 팽배하다 보니 한국 사회 전체에 기업 논리가 구석구석을 파고들었다. 대학 발전을 위해 경영자형 총장을 모시는 것이 유행처럼 되었고, 이런 현상은 정치 분야에서도 예외가 아니어서 최고 경영자형 지도자, CEO 대통령을 이상적인 지도자로 여기는 풍조가 만연하게 되었다. 그래서 결국 이명박 씨가 대통령에 당선되었지만 한국의 정치, 사회 발전을 위해 좋은 결과가 아니었음이 입증된 바 있다. 그런데 이런 현상은 한국에만 국한된 것이 아니고 미국을 중심으로 미·영 모델을 따르는 자본주의 국가들에서 공통으로 나타나는 현상이다. 위에서 행정과 정치의 차이를 논했지만, 비슷한 논리가 여기에도 적용된다고 할 수 있다.

성공한 기업 경영자의 강점으로 간주되는 창의성, 효율성, 지도력 등이 정치 분야에서도 반드시 필요한 덕목임에는 틀림없다. 이에 비해 정치인과 행정 관료는 이기주의, 비효율, 부정부패 등의 '더러운 정치'로 낙인찍힌 상황이라, 참신한 기업 경영인의 사고와 행태를 정치 분야에도 적용해야 한다는 주장은 언뜻 보아 그럴듯해 보인다. 실제로 외국에도 성공한 기업 경영주가 성공한 정치 지도자가 된 경우가 많다. 미국의 부시 대통령 부자도 그렇고 이탈리아의 베를루스코니 전 총리도 같은 경우다. 드디어 미국에서는 2016년 트럼프 대통령이 탄생하기도 했다.

그러나 여기에는 한 가지 중요한 맹점이 있다. 그것은 기업 경영과 국가 '경영', 즉 정치가 매우 다른 성격을 가지고 있다는 사실이다. 기업 경영은 주로 이익 창출을 목적으로 하고, 정치는 위에서 본 대로라면 사회정의의 실현을 궁극 목적으로 한다. 기업 경영에는 민주주의가 적용되기 어렵지만 정치에서는 민주주의가 이상으로 간주된다. 기업은 사람들의 드나듦이 자유롭지만 국가는 새 국적 얻기와 국적 바꿈이 자유롭지 않다. 기업은 위계질서에 따른 소득 차이가 당연하게 간주되지만, 국가에서는 소득 불평등이 정치 갈등의 주요 원인이 된다. 이렇게 열거한 점들 말고도 기업과 국가, 기업 경영과 국가 정치, 국가 행정 사이에는 넘을 수 없는 차이가 존재한다.

사실 기업 경영의 최대 목적이 이윤 창출이라고 하는 명제에도 무리는 있다. 이윤 창출은 쉽게 말해 돈벌이를 말하는데, 정말 돈벌이만 원한다면 땅 투기를 하거나 환치기를 하지 어려운 기업 경영을 택하지 않을 것이다. 그러니 기업 경영의 목적이 돈벌이만은 아닌 것이 확실하다. 기업의 근본 목표는 오히려 '생산'이나 '창조'에 있다고도 볼 수 있다. 어쨌든 돈벌이든 창조든 기업 경영에서 가장 중요한 원칙은 원가 대비 생산액이나 판매액으로 계산되는 '효율성'이다. 그래서 이 원칙에 어긋나는 것은 가차 없이 자른다. 구조조정, 정리해고, 공장

이전 등등을 비정하게 해치운다. 이문이 남는 장사는 하고 안 남는 장사는 단숨에 없앤다. 노동자들 때문에 단숨에 안 될 때도 많지만 경영자는 당연히 단숨에 해치우고 싶어 한다. 그래서 기업 경영에는 일 추진력이 아주 중요하다.

　이런 기업 경영의 기법들이 행정에도 적용되어 추진력 있고 활력 넘치는 시장이나 도지사들이 요즘 많은 인기를 끌고 있다. 행정 역시 기업 경영과 마찬가지로 효율성을 강조한다. 하지만 행정은 기업 경영과는 다르게 공익도 중시한다. 그리고 주민 의견을 무시할 수 없다. 예를 들어, 관공서는 공익이 우선되는 정책이나 주민이 원하면 때로는 효율에 어긋나는 정책도 펼쳐야 한다. 기업에서는 자연 환경을 이윤에 도움이 되는 한도에서만 고려하지만, 행정에서는 그 자체를 하나의 목표로 삼아야 한다. 이것이 공공 행정과 기업 경영이 다른 점이다. 이런 차이를 모르는 기업인은 공공 행정을 해서는 안 된다.

　이렇게 보면, 기업 경영은 정치보다는 행정에 더 가깝다고 할 수 있다. 행정은 이윤 추구가 목적이 아니고 공익 추구가 목적이라는 점에서 기업 경영과 근본적으로 다르지만, 일사불란한 일 집행을 미덕으로 삼는다는 점에서 기업 경영과 비슷하다. 행정은 정치권에서 결정한 정책을 집행하는 과정이다. 정치권에서 결정하지 않고 도청, 시청에서 결정한 것도 물론 집행한다. 그 과정은 일사불란한 '집행'의 과정이다. 갑론을박이 오가는 정치판이 아니다. 따라서 효율성이 중요하다.

정치에도 물론 효율성이 중요하다. 한 가지 사안을 가지고 시간을 끌지 않고 맵시 있게 결정하고 집행해야 한다는 점에서 정치에서도 효율성이 중요하다. 하지만 정치에는 더 중요한 것이 있다. 그것은 다양한 의견과 이익을 펼쳐 놓고 토론하고 수렴하여 결정하는 과정이다. 이것이 민주주의의 본질이기도 하지만, 설사 비민주적인 국가라 하더라도 이런 과정은 권력 핵심부에서 반드시 거쳐야 할 과정이다. 기업 경영에서는 이런 과정이 사치일 뿐만 아니라 불필요한 해악이다. 기업 경영을 민주적으로 해서는 그 기업은 망하기 쉽다. 이윤을 먼저 생각하지 않고 인권이나 정의를 먼저 생각하는 것은 기업이 아니다. 그것은 정치다. 기업 경영자는 정치의 번거로운 과정을 견디지 못하기 때문에 올바른 정치를 하기 어렵다. 그가 정치를 기업 경영처럼 하려고 덤비면 온 사회가 커다란 이익 투쟁과 혼란에 빠질 것이다. 따라서 경영자 대통령론은 상당한 유보 조항을 두고 받아들여야 할 것이다.

1997년의 외환위기 사태 이후에 경제 논리 또는 시장 논리가 한국에서 득세하는 경향이 있는데, 이 또한 경영자 정치인 논리와 유사하다고 할 수 있다. 사실 이런 현상은 한국에 국한되지 않아서, 20세기 후반부터 최근 30여 년 동안 세계를 흔들었던 신자유주의 이념의 여파라고 할 수 있다. 우리는 "정치 논리가 경제를 망친다"는 말을 흔히 듣는다. 시장 논리에 맡겨야 할 분야에 정치 논리를 적용하여 비효율과 부정의 온상을 만든다는 것이다. 쉬운 보기를 들자면 지방 어느 도시에 국제공항이 필요하지 않은데도 그곳 사람들의 표를 모으기 위해 무리하게 예산 낭비를 하는 경우를 들 수 있다. 이는 정말 시장 논리를 고려하지 않고 잘못된 정치 논리를 적용한 경우이다. 정치인은 표를 얻기 위해 이런 무리한 일을 많이 저지른다. 특히 한국에서는 그동안 정치가 경제에 비해 우세하여 정치적 목적을 위해 잘못된 정책을 펴는 경우가 많았다고 할 수 있다. 이렇게 보면, 정치가 경제에 지나치게 개입하여 경제 발전을 가로막는다는 주장은 옳은 주장이다. 그동안 너무 관치 경제가 판을 쳤기 때문에, 시장은 시장 논리에 경제는 경제 논리에 맡기자는 주장은 원칙적으로 옳은 주장이다.

그런데 최근 들어서는 이런 추세가 역전되어 사회의 모든 부문에 경제 논리, 시장 논리를 적용하려는 경향이 강해졌다. 경제 논리로 결정해서는 안 될 분야들인 교육, 환경, 문화, 학문 영역에까지 시장 논리를 적용하고 기업 가치를 우선 적용하려는 경향이 강해졌는데, 이는 정치의 상대적 약화와 경제의 상대적 강화를 반영한다. 경제 논리의 가장 큰 특징은 물질적 손익 계산과 이로써 판단하는 효율성을 가장 큰 가치로 두는 것이다. 그러나 정치는 다른 가치를 위해 효율성을 희생하는 경우가 많다. 경제 논리를 적용해야 할 곳과 정치 논리를 적용해야 할 곳, 그리고 환경 논리, 문화 논리, 복지 논리, 학문 논리 등 각각 적용해야 할 고유의 영역이 있다. 사회의 다양한 영역을 어느 한 논리가 지배하는 것은 바람직하지 않다. 이러한 논리들이 충돌할 때 그 해결책을 제시하는 것은 정치의 영역이다. 정치에는 정치 논리를 적용해야 하고 경제에는 경제 논리를 적용해야 한다. 그 경계선이 어디인지를 판단하는 것이 어려운 일인데, 서로 다른 판단들 사이를 조정하여 최적의 대안을 내는 것 또한 정치의 중요한 구실이라고 할 수 있다.

갈등과 통합 | 한 사회의 다양한 갈등을 해소하고 통합을 이루는 것은 정치의 중요한 기능이다. 갈등의 조정은 이익 조정이라고도 할 수 있고, 통합은 거기서 한 걸음 더 나아가는 것이라고 할 수 있다. 정치 갈등은 다양한 차원에서 일어난다. 사회 전체 차원일 수도 있고, 정치체제 차원일 수도 있고, 더 작은 차원에서의 정치제도 사이, 정치제도 안, 그리고 개인 차원의 갈등일 수도 있다.

어느 차원의 갈등이든 사람이 사는 사회나 다른 어떤 종류의 집단에서든 갈등이 없을 수는 없다. 모든 정치 사회에는 정치 갈등이 있기 마련이다. 정치의 구실은, 이런 갈등을 최소화하여 사회 통합과 정치 통합을 이루고 그 갈등이 사회와 사회 구성원의 복지에 기여하도록 만드는 것이다. 갈등이 너무 심해 정치체제 자체가 감당할 수 없는 정도가 되면 사회는 해체 또는 분열되고 심하게는 내전에 빠지거나 때로는 다른 나라에 국가 주권을 잃게 된다. 이런 일이 일어나는 것은 집단 사이의 정치 갈등에 비해 체제의 갈등 흡수 능력이 떨어지기 때문이다. 갈등이 심하더라도 체제의 흡수 능력이 충분하면 갈등 그 자체는 문제가 되지는 않는다. 하지만 갈등이 다른 사회에 비해 심하지 않

더라도 체제의 흡수 능력이 떨어지면 그 체제는 와해하거나 쇠퇴하게
된다.

따라서 갈등이 나쁜 정도는 상대적이라고 할 수 있다. 어느 사회이
든 갈등이 존재하지 않는 것은 바람직하지 않다. 그것은 사회가 획일
화되고 하나의 권력이 그 사회를 지배한다는 의미이기 때문이다. 이
는 정치적 독재로 이르는 지름길이라고 할 수 있다. 아니면 정치적 독
재의 결과 반대 세력이 억눌려져서 갈등이 존재하지 않는 것처럼 보일
수 있다.

정치 갈등이 일어나는 토대로는 인종이나 민족, 종족, 종교와 문화
같은 원초적인 토대와 더불어 계급이나 정치이념과 같은 이차적인 토
대가 있을 수 있다. 원초적 갈등은 그 정도가 이차적 토대의 갈등보다
더 심하다. 원초적 갈등의 대표적이고 가장 심한 경우가 종족 갈등이
다. 1990년대 초반 르완다에서 일어난 참혹한 종족 분규, 1990년대
유고슬라비아 해체와 함께 보스니아와 코소보에서 각각 일어난 민족
갈등이 대표적이지만, 이런 일은 제2차 세계대전 이후에 아프리카,
동남아시아 등지에서 매우 자주 일어났다. 상대 종족에 대한 증오가
극에 달하여 '인종 청소'라고까지 표현되는 학살 행위가 끊임없이 일
어나고 있다.

한국에서 참혹했던 경우는 6·25전쟁이었는데, 그 당시 갈등의 원
천은 원초적 기반이라기보다는 이차적이라고 할 수 있는 이념에 있었
다고 할 수 있다. 하지만 꼭 이념만이라고 할 수는 없었고, 동서 냉전

과 군사적, 정치적 패권 싸움이 결합되었다고 할 수 있다. 이처럼 여러 갈등의 형태가 섞여서 나타나는 경우도 흔하다. 예를 들어, 미국의 경우 흑인과 히스패닉, 동양인, 백인 등 다양한 인종이 제각각 살고 있는데, 이들의 구분이 계급 구분과 겹치는 경향이 있다. 이럴 경우 예컨대 백인과 흑인의 갈등이 부유층과 빈곤층의 갈등과 중첩되기도 하는 것이다. 유럽 선진국들에서 원주민과 이민자들 사이에서 일어나는 소위 '다문화' 갈등도 인종, 민족 갈등과 종교 갈등, 경제 갈등이 뒤섞여 있다고 볼 수 있다.

정치 사회적 갈등이 지나치면 한 국가나 정치 단위가 존립하기 어렵게 된다. 국가 존립이나 국가 발전을 위해서는 정치 통합이 반드시 필요하다. 하지만 갈등이 없는 사회는 존재하지 않고, 갈등을 모두 없애기 위해 노력하는 것이 반드시 바람직한지도 다시 생각해 봐야 한다. 달리 말하면, 정치적, 사회적 통합이 무엇을 뜻하며 어느 정도의 통합이 바람직한가가 문제가 된다. 또 통합이 무엇을 위해 바람직한지도 생각해 볼 일이다. 사회적, 정치적 갈등이 심각하여 국가 전체가 흔들리는 경우를 흔히 본다. 아프리카 지역에 만연한 종족 분규와 내전은 제2차 세계대전 이후 식민 종주국이 물러나면서 종족 분포의 고려 없이 국경선을 편의상 거의 직선으로 그어 놓은 결과이다. 이런 나라들은 국가 발전을 말하기에 앞서 국가 '형성' 또 국가 '통합'이 독립한 지 50년이 지난 오늘까지 여전히 절실한 과제로 남아 있다. 이런 경우에 비하면 한국은 복 받은 나라라고 할 수 있다. 한국 사회는 일민족 사회이기 때문에 민족, 종족 사이 분규가 없으며, 종교나 언어 또는 다른 문화적 차이에서 오는 정치 갈등도 없다고 할 수 있다. 따라서 한국은 적어도 국가 통합의 문제가 심각하지는 않다. 한국 사회에 갈등이 만연하다는 말이 많고 한때 '중도 통합'을 말하는 것이 정치적 유행이 되기도 했다. 어느 사회나 마찬가지로 한국에도 갈등이 없지 않다. 민주화 이전 권위주의 시절의 대표적인 정치 갈등은 권위주의 현실과 민주주의 이상 사이의 갈등이었고, 민주화 이후의 대표적인 정치 갈등은 지역주의였다. 요즘은 계급 기반의 갈등이 심해질 상황이 되고 있지만, 여전히 계급 갈등이 본격적인 현실로 나타나지는 않는다. 그동안 독재 시절에 계급 의식과 조직을 억압해 왔고 지금도 반공 이념이 강해 본격적인 계급 갈등이 나타나기 어렵기 때문이다. 그러나 상황은 점차 변해 한국에서도 계급 갈등이 겉으로 분명히 드러날 날이 멀지 않은 것 같다.

요즘 한국에서 흔히 얘기하는 정치 갈등은 대개 정당이나 정치인들의 권력투쟁에 관한 것이다. 그런데 정치인들이 권력 다툼을 하는 것은 정상적인 정치과정의 일부이다. 이를 나쁘게 보는 것은 이상하다. 그런데도 대부분의 국민이 이를 부정적으로 보는 것은 무엇 때문일까? 그것은 그들이 권력 다툼'을' 하는 것이 아니라 권력 다툼'만' 하고 있기 때문이다. 적어도 대부분의 국민이 그렇게 본다. 무엇을 위한 권력투쟁인가 하는 의문이 들 수밖에 없고, 그런 권력투쟁을 법과 제도의 틀이 충분히 수용하지 못하여 걸핏 하면 장외 투쟁이나 수준 낮은 정치 공방으로 이어지기 때문이다. 그런데 이런 정치 갈등은 수준은 낮을지언정 국가 체제의 근간에 영향을 주는 갈등은 아니다. 다만 정치의 질을 높이기 위해 극복해야 할 과제라고 할 수 있다.

정치 통합은 정치체제의 안정과 민생 안정을 위해 반드시 필요하다. 그러나 그것이 모든 국민이 같은 이념이나 같은 정치적 가치관으로 통일되어야 한다는 말은 아니다. 사회 구성원들 사이에 이익의 차이도 있고 이념, 가치관의 차이도 있는 것이 당연하다. 또 이런 차이들이 정치 갈등으로 나타나는 것도 당연하다. 지나치게 갈등을 죄악시하는 것은 오히려 획일화와 독재를 옹호하는 결과를 가져올 수 있다. 유신체제 시절(1972~1979년)의 국민 총화 단결 구호를 생각해 보면 알 수 있다. 그 당시에는 북한의 위협을 구실로 정권이나 대통령에 대한 비판조차 긴급조치로 처벌했다. 권력자는 자신의 권력 확보와 연장을 위해 정치적 자유를 억압했을 뿐만 아니라, 남자가 머리카락을 기르거나 여자가 짧은 치마를 입는 것도 처벌했다. 국론 통일을 위한다는 명분으로 모든 정치적 반대를 억압했다. 이런 국론 통일은 국민 생활을 위해서는 물론이고 궁극적으로 국가 안보 자체를 위해서도 바람직하지 않다.

따라서 우리는 '국론 분열'과 건강한 갈등을 구분해서 생각해야 한다. 국론 분열은 독재 정권이 정치적 반대를 억누르기 위해 이용한 용어일 뿐이다. 독재 세력과 민주화 세력 사이에서 벌어진 정치적 갈등은 국론 분열이 아니라 정치 발전과 진정한 국민 통합을 위한 필요조건이다. 그런 '국론 분열'과 정치 갈등은 당연히 있어야 한다. 한국은 독재 시절뿐만 아니라 지금의 민주화 시대에도 다양한 이념과 가치관이 부족하다. 이해관계가 다른 사회 구성원들이 다양한 가치관과 이념에 입각하여 경쟁하고 갈등하는 것은 민주 사회의 한 본질적 속성이다. 그런 갈등을 충분히 소화해 낼 만한 제도적 틀과 정치 지도력을 갖추는 일이 중요할 따름이다. 문제는 아직 그런 제도와 지도력의 성숙이 멀었다는 사실일 것이다.

정치 지향 한국인, 정치 빈곤 한국 한국은 지금까지 매우 정치적인 나라로 여겨졌다. 정치가 경제를 좌우하고 교육도 정치 논리에 휘둘리고 정치판에서 성공하면 그것이 부와 명예를 보장했다. 정치가 많이 힘 빠진 것 같은 요즘도 정치판이 상당한 힘을 발휘한다. 하지만 사실 가만히 따지면 한국에는 지금까지 정치다운 정치가 없었다고 할 수 있다. 군사 독재 시절에는 정치는 없고 통치만 있었고, 민주화가 된 지금은 정치가 활발해야 할 텐데 보이는 것은 당파싸움뿐이다. 그러면 통치와 당파싸움이 정치와 다른 점은 무엇일까? 당파싸움에 대해서는 앞 장에서 충분히 설명했으니 여기서는 통치와 정치가 어떻게 다른지를 설명해 보자.

통치는 권력의 행사이고 순우리말로 '다스림'이다. 권력자가 권력을 행사하여 백성을 다스리고 말 안 들으면 감옥에 넣어서 듣게 만드는 것이 통치이다. 민주적인 절차를 무시하고 이런 의견과 저런 의견을 조율하는 '정치'의 과정을 되도록 생략한다. 방해되는 것이 많으면 다스리는 데 성가시기 때문이다. 이런 통치과정을 통해 통치자는, 그래서 독재자는 '일사불란'하고 '효율적'인 지배를 할 수 있었다. 박정희가 추진한 경제개발 계획과 그린벨트 정책도 모두 이런 통치를 통해 이루어졌다. 그 결과 우리는 눈부신 경제성장을 이루었고 자연보호도 어느 정도 이루었다(자연 파괴는 민주화와 지방자치제 실시 이후 더 가속화되었다). 하지만 그 과정에서 정치와 민주주의는 희생되었다. 많은 사람이 자신의 권리를 잃고 자신의 이해관계를 제대로 표출할 수 없었다. 그 과정에서 최고 통치자와 그 아래 '정치인'들 사이의 줄서기, 힘센 여당과 힘없는 야당의 형식적인 줄다리기가 정치로 인식되었다. 하지만 그것이 진정한 정치는 못 되었다.

민주화가 되자, 이제 독재자의 통치 일변도는 없어졌다. 누구든 자기 하고 싶은 대로 말할 수 있게 되었고 정부 말 안 듣고 자기 이익만 주장할 수도 있게 되었다. 언론의 자유도 높아졌고 집회, 시위의 권리도 높아졌다. 이제 정말 정치다운 정치를 할 여건이 마련되었다. 그러나 큰 틀에서 체제와 제도는 민주화되었지만 사람들은 별로 변하지 않았다(물론 제도도 아직 많이 더 보완되어야 한다). 자기와 다른 의견을 어떻게 참아 내고 서로 다른 의견들을 어떻게 조율하며 이익 충돌을 어떻게 타협과 협상으로 극복해 나갈 것인지, 어떻게 다 망하지 않고 이익을 나누어 가질지에 대한 방법을 아직 제대로 배우지 못했다.

말하자면 통치의 강압 권력이 사라진 곳에 권위 부재의 혼란이 들어선 것이다. 자기 이익을 내세워 우기고 버티면 그것이 민의의 수렴이고 그것이 민주주의인 줄 알고 막무가내로 버티는 이익 당사자가 많아졌다. 민주주의 과정에 대해 아직 충분히 학습하지 못했기 때문이다. 민주화 뒤의 30년이 아직 짧아 그런지 모르겠다.

지금 한국 정치가 어수선한 결정적인 이유는 흔히 말하듯이 이념갈등이나 세대갈등보다는 바로 제대로 된 정치가 없기 때문이다. 한국의 좌파가 얼마나 좌파이며 얼마나 많은 숫자인가? 한국의 세대갈등이 어떤 혼란을 일으키고 있는가? 젊은 사람이 대통령 선거에서 문재인 후보를 찍고 나이 든 사람이 자유한국당을 지지했다고 그것이 세대갈등이란 말인가? 한국의 세대갈등이나 이념갈등은 다른 나라에서 볼 수 없을 만큼 지나치지도 않으며, 다른 나라에서 볼 수 없을 만큼 사회를 혼란으로 몰아넣고 있지도 않다. 이런 정도의 갈등을 큰일이라고 여기는 것은 우리가 그동안 진정한 정치적 차이를 경험하지 못하고 정치다운 정치를 못해 봤기 때문이라고도 할 수 있다. 오히려 한국에서는 이념 격차와 세대 차이가 다른 나라에 비해 적은 편이다. 그래서 한국에서 이념 차이와 세대 차이는 더 있어도 된다. 아니, 사회와 정치의 다양성을 위해 더 있는 것이 오히려 바람직하다. 그러한 갈등이 사회를 혼란에 빠뜨리지 않으며 오히려 나라 발전에 이바지하도록 하기 위해 정치제도를 공고히 하고 정치인과 국민 모두의 민주 정치 의식이 향상되어야 한다.

정치의 목표 │ 위에서 정치의 궁극적 목표는 사회(또는 공동체)의 정의를 실현하는 것이라고 했다. 이것을 다른 말로 표현하면 공익, 즉 공공 이익의 실현이다. 무엇이 공익이고 이를 어떻게 실현하는 것이 정의인지에 대해서는 수많은 다른 의견이 있을 수 있기 때문에 이 문제를 여기서 다루는 것은 적합하지 않은 것 같다. 그러나 수많은 다른 의견이 있을 수 있다고 하더라도, 그것이 공익이나 정의의 개념 자체를 사용하지 못하게 만드는 것은 아니다. 이는 우리가 미인이나 아름다움에 대해 각자 다른 의견을 가지고 있다고 하더라도 미인과 그렇지 않은 사람을 구별하고 아름다움과 추함을 구별하는 것과 마찬가지 이치이다.

공익을 실현하는 것이 사회정의라고 했을 때, 이에 전제되는 생각은 공익과 구별되는 사사로운 이익, 개인 이익이 있다는 점이다. 대부분의 사람은 대부분의 경우에 공익보다는 사익을 먼저 생각한다. 그것은 모든 사람의, 더 나아가서는 모든 생명체의 본성이다. 사익을 먼저 생각해야만 생명체의 존재 자체가 유지될 수 있기 때문이다. 우리는 밥을 먹어야 살 수 있기 때문에 밥을 먹기 위해 노력한다. 추위를 견뎌야 하기 때문에 옷을 입어야 한다. 비바람을 피하고 얼어 죽거나 열사병에 죽지 않기 위해 살 집이 있어야 한다. 그래서 의식주가 사람의 기본 욕구하고 할 수 있다. 어떻게 보면 정치란 사회 구성원들의 이런 의식주를 해결해 주는 것이 기본 책무라고 할 수 있을지도 모른다. 그런데 여기서 불가피하게 갈등이 생긴다. 재화가 부족할 때 그 재화를 서로 가지려고 하는 과정에서 일어나는 갈등이 바로 이익 갈등이고 또 권력투쟁이 된다. 정치의 작은 구실 또는 기본 역할이 이를 해결하는 것이고, 어떤 점에서는 이를 공정하게 해결하는 것이 정의라고 할 수 있다.

이렇게 보면 사람이 사익을 추구하는 것은 비윤리적인 것이 아니다. 충돌하는 사익들 사이를 해결하는 방법이 윤리적인지 아닌지를 따질 수 있을 뿐이다. 그런데 그렇다고 하여 사익을 '무한정' 추구하는 것도 과연 윤리와는 관계없는 일일까? 그렇지는 않을 것이다. 먹을 것과 입을 것이 충분하고 근사한 집에서 사는 사람이 자신의 이익만을 추구하는 것은 그 자체로서는 비윤리적인 행동이 아니다. 그러나 그런 개인 이익 추구가 강자의 이익만 도모하여 가난한 사람을 더 가난하게 만들고 사회적 약자의 삶을 피폐하게 만들면, 그것은 사회적으로 볼 때 비윤리적인 현상이다. 비윤리적이지 않은 개인의 행동이 쌓여 사회적인 비윤리 현상을 만드는 결과를 말한다. 이러한 사회적 비윤리 현상을 되도록 윤리적으로 만드는 것, 다시 말해 공익을 최대한 실현하도록 해결하는 것은 정치의 중요한 역할이다.

그런데 이러한 공익과 사익의 관계는 사회의 보통 구성원으로서의 개인에게만 국한된 것이 아니라, 사회의 다양한 집단, 또는 정치 세력, 그리고 정치를 직접 담당하는 정치인들에게도 적용된다. 사회 구성원들은 개인으로서뿐만 아니라 집단으로서도 사익을 추구한다. 우리는 이를 사회의 '부분 이익'이라고 부를 수도 있고, 그것이 정치 세력에 특히 집중될 때 이를 '당파 이익'이라고도 부를 수 있다. 부분 이익에 대비되는 것은 사회의 '전체 이익'이 될 수 있겠고, 당파 이익에 대비되는 것은 우리가 주로 여기서 국가를 대상으로 하기 때문에, '국가 이익'이라고 할 수 있겠다.

사회 세력들 사이의 사익 추구가 공익에 어떤 영향을 미치는지를 노동조합의 파업을 보기로 해서 생각해 보자. 노동조합이 조합원들의 이익을 추구하는 것은 당연하다. 또 그들이 다른 것은 생각하지 않고 조합원들'만'의 이익을 생각하는 것도 바람직스럽지는 않을지 모르나 자연스럽다고도 볼 수 있다. 노동조합은 조합원의 이익을 도모하기 위해 만든 단체이기 때문이다. 우리는 파업하는 노조원들에게 국가 경제의 앞날을 조합원의 이익과 함께 생각해 달라고 요구할 수 없다. 그러나 조합원이 아닌 사람에게는 비조합원으로서의 이해관계가 있다. 현대자동차 노조가 불법 파업을 벌이면, 우선 법을 어김으로써 법치가 약화되고 자동차 생산에 차질이 오기 때문에 국가 경제에 손해가 간다. 그리고 그렇잖아도 어수선한 세상에 또 하나의 짜증거리가 언론을 도배하면 그만큼 국민들의 행복지수가 낮아진다. 이런 것이 비조합원들의 이익에 어긋난다. 따라서 비조합원은 현대자동차 노조원들의 파업을 비판한다. 아니면 오히려 조합원들의 말을 들어주지 않는 경영진을 비판할 수도 있다. 사회 구성원들의 이익이 반드시 서로 일치할 수는 없다. 일치하지 않는 이익들의 경쟁을 공익에 부합하도록 해결하는 것이 정치의 역할이다. 부분 이익들을 국가 이익으로

승화시키는 것이 정치의 역할이고, 그것을 잘하는 것이 좋은 정치이고 못하는 것이 나쁜 정치이다.

비슷한 현상을 정치 당파들 사이에서도 볼 수 있다. 그런데 정치 당파들은 위의 다른 구성원들(개인이나 이익단체)보다 공익 실현에 대한 책임을 더 져야 한다는 점에서 위 경우와 꼭 같지는 않다. 왜냐하면 정치 당파나 정치인의 첫째 의무는 사익 실현이 아니라 공익 실현이기 때문이다. 그것이 그들의 존재 이유이다. 문제는 그들이 그렇게 행동하지 않고 사익을 위해 행동하는 경우가 더 많다는 점이다.

한국의 정당이나 정치인들을 살펴보면 이런 점을 쉽게 이해할 수 있다. 한국 정치인들에 대한 국민들의 공통된 비판은 국가 이익보다는 사리사욕만 밝힌다는 점일 것이다. 실제로 그들의 행동을 보면 국가 전체의 이익을 먼저 생각하는 사람은 찾아보기 어렵다. 한국의 정치인들은 국가 발전에 대한 뚜렷한 사명감과 방법론을 가진 사람보다는 개인의 권력과 입신 영달을 위해 정계에 뛰어든 사람들이 훨씬 더 많은 것 같다. 물론 정치인이라고 해서 공익만 생각하도록 요구하기는 무리다. 정치인도 사람인 이상 자신의 개인적인 욕심이 없을 수 없고, 또 그런 사익의 추구가 일하는 동력으로 작용하는 것도 사실이다. 문제는 그런 사익의 추구가 공익과 결합하기보다는 오히려 공익을 해치는 결과를 더 가져온다는 사실이다.

거듭되는 이합집산, 줄서기, 지역 패거리주의 등등이 국가 이익에 전혀 도움이 되지 않고 오히려 이를 해친다는 사실은 굳이 설명할 필요가 없다. 매번 선거를 앞두고 일어나는 정당들의 분열과 이전투구도 한 비근한 보기에 지나지 않는다. 그들은 크게는 당의, 당내 파벌의, 작게는 개인의 권력 장악을 위해, 아니면 권력 경쟁에서의 이득을 위해 이런저런 전술을 생각할 뿐이다. 국가 전체 이익을 생각하기에는 이런 작은 정치의 이익이 너무 절실하기 때문일 것이다. 민주주의 정착 이후에 한국 정치가 질적인 향상을 하지 못하는 가장 큰 까닭이 사익을 공익보다 앞세우는 정파들의 의식과 행동 때문이라고 해도 과언이 아니다.

성선설과 성악설 | 그런데 사익을 먼저 추구하는 것은 사람의 보편 본성이기 때문에 피할 수 없는 것인가? 대답하기 어려운 문제이다. 이에 대한 논쟁을 거슬러 올라가면 결국 우리는 성선설과 성악설의 해묵은 논쟁을 만나게 된다.

맹자가 대표적으로 주장한 성선설은 사람은 원래 착한 존재이니 그 착함을 잘 계발하여 좋은 사회를 만들자는 주장으로 요약된다. 반면 순자와 한비자가 주장한 성악설은 사람은 원래 악한 존재이니 악함이 창궐하여 사회를 어지럽히지 못하도록 법 규범을 잘 만들어 다스려야 한다는 주장이다. 각각의 견해를 떠받치거나 이에 반대되는 증거들은 매우 많다. 하지만 언뜻 보면 성악설을 지지하는 증거들이 더 많은 것처럼 보이기도 한다. 지진으로 집이 무너질 때 아기를 방패로 자기 몸을 감쌌다는 젊은 여인의 이야기나 갓난아이나 어려움에 처한 사람들이 자신의 욕구 충족밖에 생각하지 못한다는 증거들을 들 수 있다. 이러한 원초적인 본능적 욕구 충족의 사례들은 반박하기 어렵다. 이런 증거들을 보면 사람 행동의 기본 동기는 '이기적'이라는 사실을 부인하기 어렵다. 하지만 그것이 반드시 '이타적'인 것과 배치되는지에 대해서는 의문의 여지가 있다(여기서는 악함을 이기심과, 착함을 이타심과 같은 것으로 보기로 한다).

사람이 원래 이기적이라는 생각은 정치제도와 법규를 만드는 데 꼭 필요한 전제이다. 법과 제도는 가장 나쁜 경우를 가정하고 만들어야 하기 때문이다. 이런 전제가 근대 합리주의와 그것에 기반을 둔 서구 문명의 토대가 되었다. 하지만 이런 성악설적인 사상의 근본 문제는 성악설 자체가 악을 낳을 수 있다는 점이다. 다시 말해 사람이 이기적이라고 전제하면 그 사람 자신이 이기적으로 행동하지 않기가 어렵게 된다. 상대방이 이기적으로 행동할 것이라고 생각하는 사람이 그것을 잘 알면서도 상대방을 위해 이타적으로 행동하는 경우는 특별한 경우일 뿐이다. 자식을 대하는 부모의 행동이라든가(물론 그것도 언제나 그런 것은 아니다) 특별히 이타적인 사람들의 경우에 국한된다. 따라서 여기서 우리는 '이기심의 자기 예언' 또는 '성악설의 자기 확장'이라고 부를 수 있는 순환 모순에 빠지게 된다.

또 이기심이 사람 행동의 대부분을 지배한다는 전제 자체에 의문을 품을 필요가 있다. 2001년 일본 도쿄 지하철에서 선로로 떨어진 사람을 구하기 위해 자기 몸을 희생한 이수현 씨 같은 사례는 결코 드문 경우가 아니다. 우리는 이런 미담을 심심찮게 목격한다. 가난한 사람의 성자라고 여겨지는 테레사 수녀 같은 분의 이야기도 결코 낯설지 않다. 그런 큰 사례까지 들먹이지 않더라도 우리는 일상생활에서 어려운 사람을 돕는다든가 자선냄비에 돈을 넣는다든가 하는 이타적인 행동들을 얼마든지 본다. 이런 일들은 결코 그것이 "자신의 기분을 좋게 하기 때문"이라거나 "장기적으로 자신에게 이익이 될 것"이라는 이기적인 행동의 결과라고 볼 수 없다. 왜냐하면 지하철로 뛰어드는 '의인'들의 행동은 손익을 계산할 틈이 없는 순간적인 행동이기 때문이다. 또 좋은 일을 하여 기분이 좋아지는 것은 좋은 일의 결과로 오는 것이지 그것 때문에 좋은 일을 하는 것은 아니기 때문이다. "자선냄비에 돈을 넣으면 내 기분이 좋아질 거야!"라고 생각하면서 돈을 넣는 사람이 몇이나 될까? 다 자기도 모르게 우러나오는 감정, 곧 이타심이나 동정심으로 돈을 넣는다. 기본 생존 욕구를 충족시키기 위해서는 이기심이 이타심보다 더 앞설지 모르지만, 그것을 넘어선 인간 조건에서는 이타심과 이기심 중 어느 것이 더 우세한지가 반드시 확실하지는 않다.

이렇게 볼 때 사회 구성원들의 이기적인 행동을 반드시 당연한 일이라고 볼 수는 없다. 이익단체들의 경우 그들의 특수 이익을 추구하는 것이 당연하다고 볼 수 있지만, 사회 집단들 가운데는 이익단체들만이 아니라 이타적인 자선단체나 공익단체들도 얼마든지 존재한다.

이런 공익 추구 단체들이 활성화되는 것이 사회 발전과 공동체 전체 이익의 증진에 기여한다.

인간의 이기심을 전제로 하여 그 발호를 막을 법과 제도를 마련하되, 또 다른 본성인 이타심을 최대한 발휘할 수 있는 환경을 마련해 주는 것이 정치의 또 다른 역할이라고 할 수 있다(물론 정부를 위시한 정치 행위자는 직접 이타적인 공익 추구를 해야 한다). 정당을 위시한 정치단체들의 경우 그들이 추구하는 이념과 정책을 통해 국가 발전에 기여하는 것이 첫째 의무이다. 물론 그렇게 하기 위해서는 그 단체 자신의 존립과 성장, 발전을 꾀해야 하기 때문에, 그런 '사익'도 행동의 주요 지표가 될 수 있다. 하지만 정당이든 개인 정치인이든 정치 담당자들은 사익을 추구하기 전에 공익을, 부분 이익을 좇기에 앞서 전체 이익을 추구하는 마음가짐을 가져야 한다.

이상주의와 현실주의 | 맹자와 순자의 의견 차이는 정치에서 이상주의와 현실주의의 차이를 상징한다. 더 나아가 둘은 현상 유지와 현상 변경의 강조점에서도 차이가 난다. 또 정치와 윤리의 관계도 제기한다.

이상주의는 현실을 적극적으로 바꾸어 더 나은 세상을 만들고자 하는 생각과 신조이다. 현실주의는 지금 있는 현실에 충실하고 현실의 부조리도 현실의 힘 관계 안에서 해결해야 한다는 생각이다. 정치학에서 이런 차이가 가장 뚜렷하게 나타나는 영역이 세계 정치*의 영역이다. 세계 정치에서 말하는 현실주의는 국가 이익을 최고의 목표로 추구하는 국가들 사이의 힘겨룸으로 세계 정치가 이루어진다는 관점을 토대로 한다. 이에 비해 이상주의는 이러한 국가들 사이의 힘의 투쟁을 완화하고 세계 평화를 이룰 국제법이나 국제 규범 또는 윤리를 추구하는 사상이다. 이렇게 볼 때 현실주의는 사람의 이기심을 가정하고 이상주의는 이타심을 고양하기를 원한다고 볼 수 있다. 세계 정치가 국내 정치보다 더 적나라한 힘 투쟁이 빈번한 것은 사실이지만, 그렇다고 해서 이상주의가 추구하는 평화 제도나 규범의 노력이 무력한 것은 아니다. 유엔이나 각종 국제기구들을 통한 평화 정착의 노력이 나라 사이의 혼탁한 싸움을 완화시키고 있는 것은 사실이다.

이런 이상주의와 현실주의의 차이를 우리가 제시한 정치 관념에 대입해 보면 정치를 권력투쟁으로 보는 것을 현실주의로, 또 그 이상의 것, 즉 공익이나 사회정의의 실현으로 보는 것을 이상주의로 볼 수 있을 것이다. 현실주의의 장점은 현실을 있는 그대로 보기를 강조하기 때문에 현실의 힘 관계에 대한 분석을 정확하게 하고 이에 바탕을 둔 합리적인 처방을 내릴 수 있게 하는 데 있다. 그러나 그것의 근본 한

---

*

이 책에서는 국제 정치, 곧 국가 사이의 정치를 세계 정치의 한 영역으로 간주한다. 이전에는 세계 정치에서 국가 간 관계가 압도적이었지만 요즘에는 비국가 행위자들의 중요성이 커졌다. 하지만 여전히 국가가 세계 정치의 가장 중요한 행위자라고 할 수 있다.

계는 성악설의 경우와 마찬가지로 현실의 힘 관계를 있는 그대로 인정하여 정치적 보수주의와 강자의 이익을 도모하는 강권 정치를 정당화하는 데 있다.

이상주의의 장점은 지금 있는 현실의 구조를 타파하고 더 이상적인 체제를 지향하는 정신적, 현실적 힘으로 작용하는 반면, 약점은 자칫하면 현실을 정확하게 파악하지 못하고 이상에만 치우치는 비현실적인 경향을 만들 수 있다는 점이다. 강대국이나 사회의 강자가 현실주의자가 되기 쉽고, 약소국이나 사회의 약자가 이상주의를 추구할 가능성이 많은 것은 자연스러운 일이다. 왜냐하면 '지금 있는 현실'이라는 것은 어떤 경로를 통해서든지 힘 있는 사람들이 원하는 대로 되어 있기 때문에 강자는 그 현실을 그대로 유지하기를 원하기 때문이다. 그래서 현실주의자들이 보수적이 되는 것은 매우 쉬운 일이다. 기존의 강대국이 자신이 지배하는 현재의 국제 질서를 그대로 유지하고자 하는 것은 당연하고, 새로 힘을 갖추어 가는 다른 국가가 기존의 질서에 반대하는 경향을 보이는 것 또한 자연스러운 현상이라고 할 수 있다.

세계 정치에서뿐만 아니라 국내 정치에서도 상황은 마찬가지이다. 사회 기득권층이 보수적 현실주의자가 되는 것은 한국의 경우 새누리당이나 자유한국당을 지지하는 층이 주로 중상층 사람들이라는 점에서 드러난다. 중상층 사람들은 기존의 정치, 경제 질서에서 이득을 많이 보는 사람들이기 때문에 그 질서를 바꾸고 싶어 하지 않는다. 이에 비해 그 질서에 소외되어 어렵게 사는 사람들이 새로운 질서를 꿈꾸는 것은 정치적 이상주의에 해당한다. 하지만 현실을 보면 소외 계층이 반드시 정치적 이상주의자가 되고 혜택 받는 층이 반드시 보수주의자가 되는 것은 아니다. 그것은 정치이념이 반드시 자신이 처한 사회 경제적 조건에서만 나오지는 않기 때문이다. 여기에는 살아온 환경, 교육 정도, 기존 질서에 의한 세뇌(다른 말로는 정치적 사회화), 그리고 한국의 경우 북한과의 대치라는 특수한 상황 등 여러 요인이 함께 작용하기 때문이다. 세계 정치의 면에서 한국에서는 강대국의 논리인 현실주의가 이상주의보다 강력하다는 모순을 보이는데, 이는 강대국 미국에 지적, 군사적으로 의존하고 있는 한국의 현실을 반영하고 있다. 약자가 보수파가 되는 대표적인 경우를 한국의 외교에서 보는 것이다.

현실주의는 주로 힘의 논리에 의존하는 반면 이상주의는 윤리를 중요시한다. 정치에 힘이 더 중요한지 윤리가 더 중요한지에 대해서는 엇갈린 의견이 있을 수 있지만, 현대 사회에서는 강자인 서양의 논리를 반영하여 일단 힘의 논리가 승리한 것처럼 보인다.

정치와 힘, 더 좁게는 권력의 관계에 대해서는 이미 길게 논의했으므로, 여기서는 정치와 윤리의 관계를 간단히 따져 보자. 과연 마키아벨리가 말한 것처럼 정치에서 윤리는 중요하지 않은가? 우리가 정치는 권력투쟁 이상의 것으로 그 궁극 목표는 사회정의의 실현이라고 했을 때 이미 그 답이 나온 것으로 보인다. 여기서는 마키아벨리가 살았던 사회 및 그가 추구했던 목표와 글쓴이가 살고 있는 사회와 그가 추구하는 목표가 서로 다르다는 점을 먼저 분명히 해야 한다. 마키아벨리가 살았던 당시 통일되기 전의 이탈리아는 조그만 군주국들이 서로 각축하며 살아가는 매우 불안정하고 전쟁이 난무했던 곳이었다. 이런 곳에서 강대국도 아닌 마키아벨리의 조국 피렌체가 살아남는 것은 보통 어려운 일이 아니었다. 더구나 현대 사회와는 달리 정치권력은 세습되었지만 권력을 둘러싼 쟁탈전이 그야말로 피를 부르는 형국이었다. 이런 상황에서는 국가의 존립과 군주의 권력을 지키기 위해 윤리보다는 힘의 축적과 그 현명한 행사를 우선 생각하는 사상이 나오기 쉬웠다(더 혼란스러운 세상에서 산 맹자가 '의'를 추구한 것도 사실이다).

이에 비해 지금 우리가 사는 대한민국 사회는 그동안 전쟁과 독재, 민주화 투쟁 등으로 매우 혼란스러웠지만, 정치권력의 획득이나 행사가 더 이상 개인의 변덕이나 욕심에 따라 좌우되는 상황이 아니다. 정치권력 쟁탈전도 어느 정도 혼란스럽기는 하지만 정해진 법 절차에 따라 평화적으로 이루어지고 있다. 이런 상황에서 마키아벨리가 말한 대로 정치를 윤리와 구별하여 현실적인 힘의 논리만 적용해야 한다는 주장은 받아들이기 어렵다.

마키아벨리의 주장에서 결정적으로 빠진 것은 "그렇게 유지한 권력으로 무엇을 할 것인가?" 하는 질문이다. 군주가 마키아벨리의 조언을 받아들여 자신의 권력을 안정시킨다고 하자. 그러면 그것이 정치의 최종 목표인가? 군주 권력의 유지가? 이것을 우리 정치에 대입해 보자. 문재인 대통령에게 뛰어난 현실주의 책사가 존재하여 그의 권력을 강화하고 요즘 말로 지지도를 올린다고 하자. 그런 다음에 문 대통령은 무엇을 해야 할 것인가? 마키아벨리는 이에 대해 대답할 수 있는 것이 없다. 그런데 지금 이 책은 바로 그 문제를 정치의 핵심요소로 파악한다.

국가 존립과 권력 유지는 정치의 가장 '기본적'인 목표이다. 그것은 최상의 또는 '최고의' 정치 목표는 아니다. 한국뿐만 아니라 현대 대부분 나라의 정치 목표는 국가 존립이나 군주 또는 대통령의 권력 유지가 아니다. 그것은 기본 조건이고, 그 기본 조건이 이미 충족된 나라들이 대부분이다. 그래서 그다음 단계의, 더 높은 단계의 정치 목표가 우리에게는 중요하다. 그것은 바로 사회정의 실현을 통한 구성원의 복지와 행복 추구이다. 다른 환경에서 나온 신조를 그대로 맹신하면 안 된다. 마키아벨리즘은 필요한 경우도 있지만, 그것이 현대 민주 정치의 기본 작동 원리가 될 수는 없다. 그것은 그 당시 그 상황에서 필요했던 논리일 뿐이다.

정치 복원의 필요성 | 현대 사회에서 정치는 위기에 처해 있다. 자본주의와 상업주의가 발전할수록 정치는 그 필요성이 의심받고 있다. 사회의 합리화가 진행되고 세상 일이 정해진

틀에 따라 움직이는 경향이 강화될수록 정치가 들어설 자리는 좁아
지고 있다.

이런 현상은 한국에서도 예외가 아니어서 한국에서 경제는 일류인
데 정치는 삼류라는 비판이 쏟아진다. 과연 한국 경제계가 일류인지
도 의문이지만, 경제와 정치의 수준 차이가 정말로 그렇거나 정말로
는 그렇지 않은데 사람들이 그렇게 느끼거나, 어떻든 모두 문제다. 정
치는 지저분한 것이고 자유로운 경제 활동을 제약하고 싸움과 분란
만 일으키는 것이라는 의식이 한국인뿐만 아니라 많은 세상 사람의
머릿속에 퍼져 있는 듯하다. 그러나 이런 정치의 위기는 결코 바람직
하지 못하다.

정치의 필요성에 대해 의심하면 사람들이 정치에 관심을 가지지 않
게 되고 그렇게 되면 권력자가 마음대로 권력을 휘두르게 된다. 이러
한 독재의 가능성은 언제나 있는 것인데, 현대 민주 사회라고 해서 예
외는 아니다. 물론 지금의 한국에서는 제3세계에서와 같은 적나라한
강권 정치가 되살아날 가능성은 없겠지만, 정치과정에 대해 다수 시
민의 목소리가 반영될 길이 멀어질 수도 있다. 또 다른 형태의 엘리트
지배 또는 권위주의화가 머리를 들 수 있다. 이런 엘리트 지배는 반드
시 정치권력을 장악한 집단에 의해서만이 아니고 금권을 휘두르는 기
업 이익에 따라 이루어질 가능성이 크다. 현대 자본주의에서 민주주
의가 맞이한 중요한 도전이 여기에 있다.

정치에서 정치의 핵심이 빠지고 정치가 행정화, 관료화되고 또 경

제와 경영이 정치의 자리를 차지하는 것이 바람직하지 못한 이유는, 간단히 말해서 그것들이 사회정의에 둔감하고 민주주의에 해롭기 때문이다. 또 다수 사람의 복지에 해롭기 때문이다. 서로 다른 가치관과 이익과 신념을 가진 사람들이 모여 서로의 생각을 교환하고 절충과 타협을 이루는 과정이 다른 분야에서 볼 수 없는 정치의 고유한 특징이라고 할 수 있다. 행정이나 경제에서 이런 과정이 없다는 말은 아니다. 그러나 민주 정치가 아닌 어디에서도 민주 정치만큼 다양한 대안과 타협의 가능성이 열려 있는 곳은 없다. 이런 가능성이 차단되면 그것은 민주주의가 퇴보하는 것이고, 사회는 이런저런 형태의 독재에 빠져들게 된다.

한국의 경우를 보면, 1980년대까지 독재 권력의 지배 아래 민주 정치가 말살되었지만, 민주화가 된 뒤 특히 최근 20년 남짓 동안에 기업과 자본의 힘이 다른 모든 영역의 힘에 비해 급속히 성장하여 한국인의 삶을 지배하게 되었다. 그 결과 다른 논리들이 기업, 자본의 논리와 대등하게 경쟁, 타협하는 것이 불가능하게 되었다. 사회 양극화가 심화되면서 생활에 지친 다수 국민은 정치에 대한 관심과 참여를 포기하게 되었다. 기업은 광고 제공 여부를 통해 언론 역시 장악하게 되었다. 공익을 추구하는 시민단체들이 거의 유일한 견제 세력이 되었지만, 그들의 활동 또한 시간이 지날수록 '체제'의 한 부분으로 자리 잡아 가는 경향이 짙다.

이런 상황에서 정치는 시끄럽고 효율이 낮고 불편한 것으로 인식하는 사람이 많을수록 권력(국가 기관뿐만 아니라 더 깊게 기업과 자본의 권력)에 대한 견제가 불가능해진다. 그것은 민주주의의 위기를 의미한다. 많은 사람이 이런 위기를 위기로 보지 않고 오히려 시장주의의 승리로 축하해야 할 일이라고 보고 있다. 그런 사람들이 한국뿐만 아니라 세계의 주류 또는 다수를 차지하고 있다. 그리하여 정치의 위기, 민주주의의 위기가 개선될 가능성이 커 보이지는 않는다.

사회정의 실현과 민주주의 발전을 위해 정치는 정당하게 복권되어야 한다. 정치의 가치와 필요성을 인식하고 올바르고 바람직한 정치를 해야 한다. 정치인은 공익을 더 생각하고 일반 국민은 정치참여를 포기하지 말아야 한다. 물론 고대 아테네에서처럼 정치가 시민 삶의 모든 면 또는 가장 고상한 형태의 삶이 될 필요는 없다. 현대 사회에서 그것은 불가능하고 정치가 개입하지 못할, 또는 하면 안 되는 영역도 많이 있기 때문이다. 그래서 정치 과잉은 별로 바람직하지 않지만 최소한 정치의 올바른 몫은 확보해야 한다.

03   민주주의의 성격과 과정

앞 장에서 보았듯이, 정치의 본분은 사회정의를 실현하는 것이고, 현대 사회에서 그것은 민주주의를 통해 이루어진다. 또는 최소한 그것을 이상으로 삼는다. 이렇게 보면 민주주의는 사회정의라는 정치 목표의 달성을 위한 중요한 방법이자 그 자체가 이루어야 할 정치의 중요한 목표라고 할 수 있다.

이 장에서는 민주주의의 성격과 현대 민주주의에 관련된 여러 쟁점을 검토해 보려고 한다. 이를 위해 그 전에 민주주의를 포함한 현대 정치체제의 여러 형태에 대해 알아볼 필요가 있다. 정치체제의 유형은 민주주의 체제와 비민주주의 체제로 크게 나누어 볼 수 있는데, 비민주주의 체제는 다시 전체주의 체제, 권위주의 체제 등으로 나눌 수 있고, 더 세분하여 구분할 수도 있다. 이렇게 정치체제의 유형을 나누는 기준은 무엇보다도 정치권력을 누가 어떻게 행사하는가에 있다.

민주주의와 비민주주의 ┃ 민주주의는 현재 모든 사람의 정치적 이상이 되어 있다. 심지어 일당 독재나 전체주의 체제도 자신이 '진짜' 민주주의라고 내세우는 경우가 많다. 하지만 민주주의가 당연한 정치적 가치로 된 역사가 길지는 않다. 한 100년, 많이 잡아 200년 정도밖에 되지 않는다. 그나마 지금과 같은 대중 민주주의가 자리 잡은 것은 20세기에 들어서이다. 서양에서도 여성들에게까지 참정권이 부여된 것은 20세기 중반 이후이다. 믿기지 않을지 모르지만, 스위스에서 여성에게 투표권이 주어진 것은 1974년에 이르러서였다. 한국에서는 해방 이후 대한민국을 세우면서 자유민주주의 체제를 도입했으니, 세계 역사로 볼 때 결코 늦은 것은 아니었다. 하지만 그 민주주의는 제대로 작동하지 않아 권위주의 독재에 자리를 내주었고, 1987년에 와서야 비로소 민주주의를 되살릴 수 있었다. 그러니 한국에서도 민주주의의 역사는 매우 짧다고 할 수 있다.

이렇게 보면 민주주의는 그 역사가 매우 짧고 아직도 유약하고 불안한 상태에 있다고 볼 수 있다. 물론 고대 그리스에서 민주주의를 시행했고 지금도 민주주의 사상과 이론을 말할 때면 이때까지로 거슬러 올라간다. 그러나 그 당시의 민주주의는 지금과는 상당히 다른 것이었다. 우선 그리스 도시 국가들의 규모는 현대 국가와는 비교할 수 없을 정도로 작아, 정치에 참여할 수 있었던 자유민의 숫자가 고작 몇 천 명 정도밖에 되지 않았다. 그래서 중요한 정치 사안들을 집회 광장인 아고라에 모인 시민들이 직접 투표를 통해 결정했으며, 중요한 정치 담당자들도 제비뽑기로 정했다. 이것이 아테네를 비롯한 그리스 도시 국가들에서 시행한 직접 민주주의였다. 이런 점에서 당시 민주주의의 '민주성'이 지금의 민주주의보다 더 컸다고 할 수 있을지 모르나, 다른 면에서 보면 그 당시의 민주주의는 매우 범위가 좁은 민주주의였다. 왜냐하면 정치에 참여할 수 있는 시민 계급은 오직 성인 남성만이었으며, 그중에서도 노예를 제외한 자유민에 국한되었기 때문이다. 정치참여를 통해 삶을 완성한다는 고대 그리스의 이상은 오직 좁은 범위의 사람들에게만 국한된 것이었다.

민주주의가 아닌 정치체제의 형태로는 우선 과거의 왕조체제를 들 수 있지만, 이는 일단 논의에서 제외하고 현대 정치체제만을 대상으로 이야기해 보자. 영국이나 일본과 같은 현재의 입헌 군주국들은 현대 민주주의 체제의 하나라고 볼 수 있다. 민주주의에 반대되는 말로는 흔히 독재체제를 든다. 독재라는 말은 아주 학술적인 말이라고 할 수는 없고 일상 어법에 더 가까운 말이라고 할 수 있다. 하지만 여기에는 비민주주의 또는 반민주주의 체제의 내용을 함축하는 의미가 들어 있다. 개인이 혼자서 또는 작은 집단이 제 마음대로 권력을 휘두르는 체제라는 뜻이 담겨 있기 때문이다.

조금 더 학술적인 용어로는 주로 권위주의 체제라는 말을 많이 사용한다. 그리고 전체주의라는 용어도 있다. 권위주의 체제는 집권자 또는 집권 세력의 범위가 좁고 국민 다수의 정치참여가 제한되며 사회 구성원의 시민권이나 정치적 권리가 제대로 보장되지 않는 체제를 일컫는다. 전체주의 체제는 여기서 한 걸음 더 나아가서 집권자 또는 집권 세력이 사회 구석구석까지를 통제하고 국민의 정치적 권리를 말살하고 국가가 사회를 철저하게 통제하는 체제를 말한다. 이렇게 철저한 통제를 하기 위해서는 정치적 이념이 뚜렷해야 하고, 뚜렷한 지도자가 있어야 하며, 철저한 통제를 수행해 나갈 정치 조직, 즉 정당과 감시기구(정보기관, 탄압기구)들이 있어야 한다. 그 철저성에서 다른 대부분의 권위주의 체제와는 성격이 상당히 다르다고 할 수 있다. 그래서 전체주의 체제는 20세기의 기술사회에 와서 비로소 나타나게 되었다. 현대 사회에서 전체주의 체제의 대표적인 보기가 스탈린 치하의 소련이나 히틀러 치하의 독일인데, 이 체제들은 조지 오웰이 대표작인 『1984』에서 묘사한 가공할 공포 정치, 통제 정치에 근접한 모습을 보여 주었다.

권위주의 체제들은 이른바 제3세계의 정치 후진국에서 많이 나타나는데, 군부 권위주의, 일당 독재, 또는 개인 통치자에 의한 장기집권 체제 등 다양한 모습을 띤다. 제3세계에서 민주주의가 제대로 되지 않고 독재로 흐르는 것은 독재자의 횡포를 막을 만한 시민사회의 힘이 성장하지 못한 데 그 첫째 원인이 있다고 할 수 있다. 이 말에 전제되는 것은 권력자가 견제받지 않을 때 스스로 권력을 포기하는 경우는 특별한 경우가 아니면 없다는 말이다. 앞 장에서 본 권력의 자기 확장 본능 때문이다. 이런 나라들에서는 군이 민간 사회보다 더 일찍 발달하여 자신 나름대로의 '구국의 소명 의식'을 가지고 정치에 개입하는 경우가 흔하다. 아시아, 아프리카, 중남미에서 1950~1970년대에 가장 극심했고, 지금도 군부 독재 아래 놓여 있는 나라가 많이 있다. 한국도 사정이 비슷했다.

이런 나라들은 대개 식민통치를 겪었고, 식민지 시절에 식민 본국이 치안 유지와 전쟁 동원의 필요에 따라 군을 키웠기 때문에 군이 민간 부문보다 더 일찍 발달할 수 있었다. 한국의 경우는 이에 덧붙여 6·25전쟁이 군 성장에 결정적인 구실을 했다. 중남미의 경우는 조금 달라, 19세기에 식민지 상태에서 독립한 뒤 대지주, 산업 계급 등의 민간 세력들과 군 세력이 각축하면서 민간 과두 정권(소수 지배 세력이 권력을 장악한 정권)과 군사 정권이 교차하는 더 복잡한 역사를 지니게 되었다. 그런데 군사 정권은 다른 군 세력들에 의해 무너지는 경우가 민간 세력에 의해 무너지는 경우보다 역사상 더 많았다. 그것 역시 군 세력이 민간 세력보다 더 강했기 때문에 일어난 현상이었다. 그 결과 개별 군사 정권들은 오래 가는 경우가 많지 않고 정치적 불안의 원천이 되었다.

군부 독재에 비해 일당 독재는 더 제도적으로 확고히 뿌리박는 경향이 있다. 스탈린이나 히틀러의 일당 독재도 제도적으로 비교적 확고했다. 히틀러는 제2차 세계대전에서 패배하여 무너졌지만, 소련의 일당 독재는 1917년부터 1989년까지 70년 이상이나 지속되었다. 중국의 일당 독재도 1949년 공산혁명에 성공한 뒤 지금까지 70년가량 지탱하고 있다. 북한의 일당 독재 역시 마찬가지이다. 이런 체제들은 전체주의에 가깝다고 말할 수 있다. 한편 그보다는 느슨한 권위주의 체제라고 볼 수 있는 타이완의 국민당 체제나 싱가포르의 일당 지배 체제들도 상당히 오랫동안 안정된 모습을 보여 주었다. 일당 독재체제가 오래 지속되는 까닭은 정당의 제도화가 확고하게 뿌리박고 있기 때문으로, 특히 전체주의 체제의 경우 정치 이데올로기가 체계적이고 뚜렷하여 국민에 대한 이념적, 물리적 통제가 확고하기 때문이다.

물론 일당 체제도 무한정 지속될 수는 없다. 소련 공산 체제와 독일 나치스 체제의 경험이 이를 입증했다. 중국의 일당 체제도 아직은 굳건하지만, 자본주의 경제가 발전함에 따라 장차 어떻게 될지 장담할 수 없다. 타이완의 국민당 지배 체제는 이미 깨어졌다. 정치체제의 변화는 지배 세력 내부의 변화, 사회 경제적 변화, 시민 세력과 민주 의식의 성장, 전쟁이나 민주화 도미노 같은 외부의 충격 등 다양한 요인에 따라 일어난다. 1970년대 이후에 세계적으로 민주화가 광범위하게 일어났는데, 이 역시 위에서 말한 여러 가지 요인 덕분이었다. 이 민주화의 조류를 두고 민주화 '제3의 물결'이라고도 하는데, 이 경우 제1의 물결은 19세기에 있었던 유럽 국가들의 민주화를 말하고, 제2의 물결은 제1차 세계대전 이후에 일어난 동유럽의 민주화를 일컫는다. 제3의 민주화 물결은 먼저 남유럽에서 일어났다. 1975년 스페인에서 프랑코 총통이 죽은 뒤 전 국민적인 민주화 투쟁을 거쳐 민주화를 이루었으며, 포르투갈에서도 피게이레두 정권 이후 민주화를 이루었고, 그리스에서도 군사 정권 퇴진 운동이 성공하여 민주화를 이루었다. 그 뒤 1980년대 들어 필리핀에서 일어난 '인민의 힘' 운동, 한국의 민주화 운동, 타이완의 민주화 등 아시아에서 민주화 물결이 일었으며, 남미의 브라질, 아르헨티나, 칠레, 우루과이 등지에서도 비슷한 민주화 물결이 일었다. 이런 시기의 일치는 우연한 것으로 볼 수도 있겠지만, 그동안 핍박받던 민중의 힘이 그즈음 크게 성장했다고 할 수 있으며, 각지에서 일어난 민주화 운동이 민주 세력에 서로 힘을 보태 주었다고도 볼 수 있다. 아직 아프리카는 이 민주화의 물결을 충분히 타지 못한 것 같다.

민주주의의 의미, 형태, 한계 대부분의 사람이 민주주의를 이상적인 정치체제로 간주한다고 하는데, 그러면 이때 민주주의는 과연 어떤 체제를 가리키는가? 이에 대해서는 많은 다른 의견이 존재한다. 또 민주주의에는 여러 형태가 있다고도 할 수 있다.

우선 여러 꾸밈말이 붙는 민주주의들 가운데 대표적인 것들을 비교해 보자. 우선 직접 민주주의와 간접 민주주의를 대비해 볼 수 있다. '직접' 민주주의는 말 그대로 사회 구성원들이 주요 결정 사항에 직접 참여하여 결정하는 제도를 말한다. 위에서 들었던 고대 그리스 민주정의 보기가 대표적일 것이다. 현대 사회에서는 정치 단위가 커져서 구성원들이 모두 정책 결정 과정에 직접 참여하는 것은 불가능하게 되었다. 그래서 대표자 또는 대리인을 통해 간접적으로 정치에 참여하는 제도가 나타났다. 그것이 '간접' 민주주의 제도인데, 이를 다른 말로는 '대의' 민주주의라고도 한다. 말하자면 국민이 자신을 대신할 대의원을 선출하여 그들에게 정책 결정을 맡기는 것이다. 하지만 현대 사회라고 하여 직접 민주주의의 요소가 전혀 없는 것은 아니다. 한때 한국에서 성행했던 주민 반상회 같은 것은 직접 민주주의의 한 예라고 할 수 있고, 학교 학급 안에서 학생들과 관련된 결정을 구성원에게 직접 물어 결정하는 것도 일종의 직접 민주주의라고 할 수 있다. 더 큰 단위로는 마을 주민 회의 같은 것을 들 수 있는데, 여러 나라에서 이런 종류의 부분적인 직접 민주주의의 사례들을 볼 수 있다. 그러나 역시 국가 전체 단위에서는 직접 민주주의를 시행하기가 불가능하다고 할 수 있다.

간접 민주주의 또는 대의 민주주의는 주로 의회를 통해 국민의 의사를 대표하는 제도라고 할 수 있는데, 여기서는 그 의회가 과연 얼마나 국민의 의사를 제대로 대표하는지가 문제가 된다. 국민의 의사를 대표해야 하는 대의원, 즉 의회 의원들이 자기 자신의 이익이나 자기가 속한 정파의 이익에 더 좌우되는 현상을 어디서나 볼 수 있기 때문이다. 대의 민주주의는 주로 의회를 통해 이루어지기 때문에 '의회' 민주주의라고도 불리는데, 의회의 대표성을 높이는 문제는 간접 민주주의가 해결해야 할 과제로 남아 있다. 의회 민주주의에서도 직접 민주주의의 요소를 가미할 수 있는데, 이를테면 국민소환제 같은 것을 통해 유권자의 의사를 제대로 대변하지 못하거나 비윤리적인 짓을 저지르는 사람의 의원직을 박탈하는 것이다. 한국에서는 이 제도가 지금 시행되고 있지 않다.

　직접 민주주의의 또 다른 형태는 최근 들어 인터넷 등 전자장치의 발달로 이를 통한 유권자의 정치참여가 활발해지는 데서 볼 수 있다. 주민들이 한자리에 모이기 힘든 상황에서도 인터넷을 통해 전자투표를 할 수 있을 정도로 과학기술이 발달했기 때문에, 사안에 따라 주민들의 의사를 직접 묻는 전자투표의 방식을 채택할 수 있는 것이다. 이를 '전자' 민주주의라고 부르는 경우가 많다. 하지만 아직은 이 방식이 폭넓게 채택되기 어려운 상황인데, 그것은 무엇보다도 전자투표의 조작 가능성과 누리꾼 특유의 감성적 휩쓸림의 위험이 있기 때문이라고 할 수 있다.

　직접 민주주의는 어렵다고 하더라도, 이상의 방식들을 통한 주민의 폭넓은 참여는 이제 가능해졌다. 이 경우를 '참여' 민주주의라고 이름 짓는 경우가 많다. 주민의 참여를 광범위하게 보장하는 민주주의라는 뜻이다. 참여 민주주의는 주민의 전자투표, 국민소환제 등을 통해서만이 아니고 개인이나 이익단체, 시민단체들이 정부 정책 결정에 직접 참여하거나 여론 조성을 통해 압력을 행사함으로써 이루어진다. 이런 형태의 참여 민주주의는 간접 민주주의와 결합하여 현대 민주주의의 새로운 특징을 보인다. 그런데 나라에 따라서, 정치적 이념에 따라서, 또 사안에 따라서 주민 참여를 얼마나 허용할지 안 할지가 논란거리가 된다. 보수적 간접 민주주의를 원하는 쪽에서는 되도록 억제하려 할 것이고, 진보적 직접 민주주의를 원하는 쪽에서는 되도록 확대하려 할 것이다. 이런 차이가 현대 민주주의의 주요 논쟁점이다.

　그런데 우리는 '자유'민주주의라는 말을 흔히 쓰고 이것이 올바른 민주주의의 이상인 것처럼 얘기하는 경우가 많다. 그러면 이 자유민주주의는 위에서 말한 여러 형태의 민주주의와 어떤 관계에 있는 것일까? 자유민주주의는 말 그대로 자유와 민주주의가 결합한 것이다. 이 둘은 우리가 어릴 때부터 학교에서 당연한 정치적 가치로 배워 왔고, 이를 의심한 적이 없다. 그런데 사실 이 두 개념은 서로 충돌할 때가 많다. 하지만 이 얘기는 조금 뒤로 미루고 자유민주주의가 민주주의 개념에서 차지하는 자리에 대해 먼저 얘기해 보자.

　정치제도 또는 정치체제로서의 자유민주주의는 간접 민주주의, 대의 민주주의, 의회 민주주의의 또 다른 표현이다. 다시 말해, 이 말들은 다 같은 것을 가리키는 말이다. 그래서 우리가 "대한민국은 자유민주주의를 지향한다"고 말할 때면 우리가 간접 민주주의를 지향한다고 말하는 것과 같다. 바로 여기서 우리는 자유민주주의가 지닌 한계를 알게 된다. 자유민주주의는 주민들의 직접 참여를 제한하는 민주주의이기 때문이다. 그래서 다양한 방법으로 주민 참여를 확대할 장치들을 모색하게 된다. 시민사회가 성장할수록 정치참여의 요구는 더 커지고 의회와 정당에만 정치를 맡기기는 어렵게 된다. 여기서 정치참여 확대의 요구와 이를 억제하고자 하는 기존 정치 세력 또는 기존 정치제도의 바람이 충돌하게 된다. 이러한 충돌과 타협의 과정이 현대 민주주의 발달의 역사를 형성해 오기도 했다.

엘리트와 대중 | 민주주의의 역사는 투쟁의 역사였다. 처음에는 왕권을 쥔 세력이 다른 사람들에게 권력을 나누어 주려고 하지 않았다. 서양에서 중세 시대가 지나고 근대 산업사회로 오면서 상공인 계급, 즉 부르주아 계급이 성장하자, 이들은 왕과 귀족의 전횡에서 벗어나 상업과 공업 활동의 권리를 주장하기 시작했다. 그것이 재산권에 대한 요구로 나타났고, 상공업의 자유에 대한 요구로 나타났다. 이것이 자유주의 이념의 기초가 되었고, 또 자유민주주의 제도의 기초가 되었다. 상공업과 재산권의 자유 확대는 참정권 확대와 떨어질 수 없었다. 정치권력을 나누어 가지지 않고서는 경제적 자유도 보장받을 수 없었기 때문이었다. 그래서 당시 자유주의는 정치적으로 매우 진보적인 사상이었다. 참정권의 확대는 곧 민주주의의 확대를 의미했다. 처음에는 일정한 재산을 갖추고 따라서 일정 수준 이상의 세금을 내는 남자들에게만 투표권이 부여되었다. 하지만 산업이 발전함에 따라 노동 계급이 성장했고, 어느덧 이들도 참정권을 요구하는 상황이 되었다. 이 과정이 바로 유럽 역사에서 보는 참정권 투쟁의 역사다. 이 상황에서 부르주아 계급은 이미 기득 세력이 되어 참정권 확대를 반대하는 위치에 있게 되었다. 자신의 권리 확대를 위해 투쟁하던 진보 세력이 어느새 자신의 기득 이익을 보호하려는 보수 세력으로 변해 있었던 것이다. 이에 따라 그들이 신봉하던 자유주의도 어느새 진보 이념에서 보수 이념으로 위치가 바뀌어 있었다.

부르주아 계급이 참정권 확대에 반대한 주요 논거는, 세금도 안 내는 사람이 어떻게 참정권을 가질 것인가, 무식한 노동 계급이 올바른 정치적 판단을 할 수 있는가, 감정에 좌우되는 여자들이 어떻게 정치에 참여할 수 있는가 하는 부정적 의문들이었다. 물론 더 깊은 곳에는 기득 이익 보호라는 더 현실적이고 근본적인 까닭이 도사리고 있었다.

이 의문들 가운데 맨 앞의 것과 맨 뒤의 것은 이제 거의 사라졌으나, 가운데 것은 아직도 수많은 사람의 머릿속에 자리 잡고 있는 것 같다. 그래서 이에 대해 간단히 언급하고자 한다. 얼핏 들으면 부유하고 많이 배운 사람들이 그렇지 못한 사람들보다 더 합리적이고 정확한 정치적 판단을 할 수 있는 것은 당연한 것처럼 들린다. 못 배우고 가난한 사람들은 지식과 지혜가 부족하고 감정에 휩쓸리기 쉽고 선동에 취약하기 때문이다. 이들에게 정치를 맡기면 '우민 정치'가 된다는 주장은 이미 2,500년 전에 플라톤이 한 이후로 엘리트주의 정치관의 정석이 되었다. 요즘도 이런 인식은 사라지지 않았다. 그래서 '포퓰리즘'에 대한 공격이 당연한 것처럼 되었고, 대중 선동 정치에 대한 우려가 사라지지 않는다. 실제로 대중이 올바른 판단력을 갖추지 못하고 분위기에 휩싸여 선동 정치에 빠질 위험은 매우 크다.

그러나 그렇다면 부유하거나 많이 배운 엘리트들은 감정에 휩싸이지 않고 합리적으로 판단하며 국가 전체의 이익이 무엇인지 대중보다 반드시 더 잘 아는가? 글쓴이는 그렇게 생각하지 않는다. 드러나는 형태는 대중의 경우와 다를지 모르나, 이들 역시 자신의 이익이 우선이고 감정에 휩싸이며 비합리적 욕망으로 가득 차 있는 것은 마찬가지이다. 이 점은 노무현 정부에 대해 보였던 한국 엘리트층의 거의 반사적인 감정적 혐오에서 매우 잘 드러났다. 엘리트이든 대중이든 감정에 휩쓸리는 것은 마찬가지이다. 단 엘리트의 경우는 '대중 선동 정치'에 대비되는 '엘리트 선동 정치'라는 말이 없는 것처럼 대규모 집회 같은 방법을 사용하지 않을 뿐이다. 그럴 필요 없이 제도와 법과 언론과 무엇보다 돈의 힘을 통해 자신의 이익을 조용한 방법으로 관철할 수 있기 때문이다. 대중이든 엘리트이든 둘 다 자신의 이익에 따라 움직이는 것도 마찬가지이다. 그런데 대중은 엘리트보다 오히려 자신의 이익이 무엇인지 모르는 경우가 많다. 이 점은 한국의 대중이 진보 정당보다 보수 정당들을 더 지지하는 것을 보면 알 수 있다. 그 반면 소수의 지식 엘리트를 빼고는 엘리트가 한국에서 진보나 좌파를 지지하는 경우는 흔치 않다. 자신의 이익이 무엇인지를 더 잘 알게 해주는 그만큼 엘리트가 누리는 배움의 몫이 큰 것은 사실이다.

이렇게 보면 결국 참정권 확대를 둘러싼 과거의 투쟁 역사가 다른 형태로 지금도 계속되고 있다고 할 수 있다. 각 계급은 자신의 이익을 위해 투쟁하는데, 그것이 옛날에는 참정권 투쟁으로, 지금은 정치과정에서 자신의 목소리를 키우기 위한 힘겨룸으로 나타나고 있는 것이다. 엘리트가 대중보다 국가 발전을 더 많이 생각하거나 국가 발전의 방향에 대해 더 잘 안다는 생각은 하나의 환상일 뿐이다. 단지 정치를 실제로 이끌어 갈 정치 지도 세력이 갖추어야 할 덕목과 자질은 분명히 필요한데, 이에 대해서는 제6장에서 다루고자 한다.

민주주의는 정치에 관한 것이다 | 이상에서 보았듯이 현대 자유민
주주의는 민주주의의 기본 형태

이면서 다른 장치들로 보완되어야 할 결함도 가지고 있다. 그런데 자
유민주주의를 비롯한 민주주의의 모든 형태는 정치체제 또는 정치제
도에 관한 것이다. 민주주의를 생활 규범으로 볼 수도 있고 문화로 볼
수도 있겠지만, 무엇보다도 그것은 정치에 관한 것이다. 사람에 따라
서는 민주주의를 다른 영역에까지 확대하여 보는 경향도 없지 않은
데, 이것은 바람직하지 않다. 예를 들어 '산업' 민주주의라는 말을 종
종 쓰는데, 그것은 작업장, 즉 공장 안에서의 민주적 의사결정을 주
로 말한다. 그런데 이 역시 일종의 정치적 현상이다. 작업장 안에서의
정치를 말하는 것이다. 따라서 이는 경제 부문인 것 같지만 역시 정치
현상을 말한다. 그 반면 흔히 쓰는 '경제적' 민주주의라는 말은 바람
직하지 않은 말이다. 경제적 민주주의는 경제 분야에서의 민주주의
를 일컫지만, 이는 매우 모호한 말이다. 대체로 경제적 평등이나 분배
의 확대 또는 경제 정의 등을 일컫는데, 그렇다면 그 말들로 바꾸어
부르는 것이 바람직하다.

민주주의의 종류를 세부적으로 분류하면서 흔히 '형식적'(또는 절
차적) 민주주의와 '실질적' 민주주의를 구분하여 쓰는 경향이 있는데,
이런 구분은 정당하지만, 흔히 하듯이 정치적 민주주의를 형식적 민
주주의라고 하고 경제 사회적 민주주의를 실질적 민주주의라고 하는
것은 매우 잘못되었다. 미국 학자들이 이렇게 잘못 분류하여 사용하

니 한국 학자들이 비판 없이 되풀이하고 있다. 이런 용어 구분은 두 가지 점에서 잘못되었다. 우선 정치적 민주주의가 형식이나 절차에만 관한 것이라는 생각이 매우 잘못되었다. 정치적 민주주의는 정치과정에의 참여라는 절차뿐만 아니라 주민의 정치적 권리 확대, 더 나아가서 주민의 지배라는 실질에 관한 것이기 때문이다. 또 경제 사회적 민주주의가 절차는 없고 실질만 있는 것도 아니라는 점 역시 굳이 설명할 필요가 없다. 그 민주주의를 어떻게 실현하느냐 하는 것은 절차에 관한 것이기 때문이다. 더 중요하게, 위에서 말했듯이 경제 사회적 민주주의라는 것은 민주주의의 원래 뜻과 관계없는 부적합한 개념이다. 그것은 평등, 복지, 분배, 경영 참여 같은 더 명확하고 구체적인 용어로 바꿔 불러야 한다.

이러한 구분이 잘못된 둘째 까닭은 그 용어가 풍기는 의미 때문이기도 하다. 독자 여러분은 형식적 민주주의와 실질적 민주주의 둘 중 어느 것이 더 중요하다고 느껴지는가? 대부분의 사람이 후자를 택할 것이다. 인민의 지배라는 민주주의의 이상이 '형식'이라니, 이를 받아들일 민주주의자가 과연 있을까? 굳이 형식적 민주주의와 실질적 민주주의를 구분하려면, 인민의 지배를 실현하는 방법을 형식적 민주주의라고 하고, 그 인민의 지배가 얼마나 실현되고 있는지에 관한 것을 실질적 민주주의라고 해야 할 것이다.

민주주의는 정치에 관한 것이기 때문에, 민주주의에 그 이상의 것을 바랄 수는 없다. 민주주의에서는 정치적 가치와 정치적 이상을 기

대해야지 다른 것을 기대해서는 안 된다. 다시 말해, 민주주의가 경제적 풍요를 보장하지는 못한다. 민주주의가 문화 발전을 보장하지도 못한다. 민주주의가 사회복지와 환경보호를 보장하지도 못한다. 오히려 독재체제가 경제 발전을 더 잘 이룰 수도 있으며, 이집트의 파라오가 인류의 문화유산인 거대한 피라미드를 만들었으며, 박정희 독재가 그린벨트 제도를 제정하여 환경보호에 기여하기도 했다. 민주주의가 사회적 연대와 가정의 가치를 보장하지도 않는다. 물론 그 반대도 진실은 아니다. 다시 말해 독재체제가 위 가치들을 민주주의 체제보다 더 잘 달성한다는 보장도 없다. 쉽게 말해, 민주주의나 독재는 이런 가치들에 관한 것이 아니다. 민주주의는 정치체제에 관한 것이고, 정치이념에 관한 것이고, 정치문화에 관한 것이다. 민주주의에 그것과 직접 관련 없는 너무 많은 것을 바라면, 민주주의를 불신하게 되고 민주주의의 가치 자체를 인정하지 않게 된다. 그것은 민주주의에 위기를 가져올 수 있다. 외환위기 이후에 경제가 어려워졌다고 해서 많은 사람이 박정희 시절을 동경하고 심지어 전두환 독재에 향수를 가졌던 것은 민주주의에 대한 이러한 잘못된 기대 때문이다. 민주주의는 그 자체로서 추구해야 할 가치이지 다른 가치를 위한 수단이 아니다. 민주주의가 봉사해야 할 다른 가치가 있다면 그것은 정치의 근본 목표인 사회정의 실현일 것이다.

그러면 민주주의는 도대체 무엇을 말하는가? 한마디로 말하여, 그것은 '민'이 '주', 즉 '주인'이 되는 체제를 말한다. 다른 말로 '인민의 지배'를 뜻한다. 여기까지는 의문의 여지가 있을 수 없다. 하지만 바로 여기서부터 따져야 할 문제들이 생기는바, 그것은 바로 인민이 무엇이며 그들이 지배한다는 것이 어떻게 한다는 것인가 하는 점이다.

우선 인민은 정치체 구성원 모두를 의미하지는 않는다. 그것은 일단 어른이어야 할 것이고, 정상적인 사고를 갖춘 사람이어야 할 것이다. 어린이는 제외될 것이고 정신병자도 제외되어야 할 것이다. 앞에서도 말했듯이, 이 정치적 인민의 범위는 매우 좁았다가 점차 넓어져왔고, 그 과정은 투쟁의 연속이었다. 20세기 후반에 와서야 비로소 모든 남녀 성인에 대한 보통선거제가 확립되었다. 이제는 성인의 나이가 몇 살부터인지가 논란거리가 되었고, 한국에서는 몇 해 전에 투표권을 행사할 수 있는 최소 나이가 만 스무 살에서 열아홉 살로 낮아졌다. 술집에서 술 마실 수 있는 나이와 대개 비슷하다고 보면 된다.

그러면 이들이 보통선거권을 가진다고 이들이 정치체를 '지배'한다고 할 수 있는가? 다른 말로 이들이 나라를 다스린다고 할 수 있는가? 그렇지 않다는 점은 굳이 설명할 필요가 없다. 인민이 정치체를 직접 지배하지 못하는 것은 현대의 정치체가 너무 커서 그렇다고 할 수 있지만, 물론 그 이유 때문만은 아니다. 나라의 규모가 매우 작다고 해도, 아니 몇백 명 단위의 정치체라고 해도 구성원('인민') 모두가 참여하는 정책 결정을 내리기는 매우 어려울 것이다. 우선 개인 능력의 차이가 있을 것이고, 시간과 경제적 여유의 차이가 있을 것이고, 관심 정도의 차이도 있을 것이다. 그러니 결국 정책 결정에 참여하는 사람은 소수가 될 수밖에 없다. 이런 현상은 국가와 같이 큰 집단이 아니라 심지어 취미 동호회 같은 곳에서도 마찬가지로 나타난다. 이런 점은 어떻게 보면 단체 활동의 본질적 속성이라고 할 수 있다. 그래서 로베르트 미헬스 같은 엘리트주의자들은 과두제는 현대 정치의 철칙이라는 명제까지 만들어 내었다.

그러면 이런 상황에서 어떻게 인민의 지배라는 민주주의의 이상을 실현할 수 있을 것인가? 매우 어려울 수밖에 없다. 그래서 많은 인민은 정기적으로 주어지는 투표권 행사에 만족하고, 그 남은 시간에는 개인 삶에 몰두하면서 정치인에 대한 비난이나 평가로 정치참여 부족의 서운함을 달랜다. 정치에 무관심한 사람이 많을수록 소수의 정치 엘리트가 정치를 좌우할 가능성이 커지고 민주주의의 가능성은 그만큼 줄어든다. 자유민주주의의 위험이 여기에 있다. 장 자크 루소는 자기가 살던 당시 영국의 민주주의를 일컬어 영국인들은 선거 날에만 자유인이고 나머지 시간에는 노예로 지낸다고 했다. 가혹한 말이지만 일말의 진리가 있다. 그렇다고 해서 모든 사람에게 언제나 정치적 관심을 가지고 정치인을 감시하라고 요구할 수도 없고, 또 그렇게 하겠다고 해서 할 수 있는 것도 아니다. 현대 민주주의는 과거에 비해 대중의 정치참여 기회가 매우 확장되었지만, 여전히 관료제와 정당 정치인, 의회가 주도하는 소수자 정치로 남아 있다.

민주주의의 본질을 볼 때, 직접 민주주의가 그 이상에 가장 가깝고 참여 민주주의도 가까이 가려고 노력함을 알 수 있다. 자유민주주의는 민주주의의 본질적 이상에는 많이 못 미치는 제도이다. 그래서 이를 직접 민주주의와 참여 민주주의의 여러 요소를 가미하여 보완해야 하는 것이다. 그런데 이러한 민주주의의 이상 실현에 대해 반기를 드는 사람이 많이 있다. 현대에 와서는 그 반기가 다른 무엇보다도 자유주의에서 많이 나온다. 이제 위에서 미루었던 자유와 민주의 관계를 설명할 때가 되었다.

자유주의와 민주주의 | 자유주의와 민주주의 모두 서양에서 비슷한 시기에 발달한 이념이고 제도이다. 근대 자유주의자들이 민주주의의 심화, 즉 참정권 확대에 반대한 것은 위에서 보았다. 그들이 원했던 것은 정치권력이 부르주아 계급에까지 확대되는 것이었지 노동 계급에까지 확대되는 것은 아니었다. 그들은 노동 계급과 기타 대중이 정치권력을 장악하는 것을 무엇보다도 두려워했다. 그렇게 되면 자신의 재산권이 박탈당하고 사회는 우매한 다수 대중의 횡포 속에 빠질 것이라고 보았던 것이다. 고대 그리스에서 플라톤이 민주정을 우민 정치라고 비판한 것과 마찬가지였다.

자유주의자들이 받드는 정치적 가치는 예나 지금이나 바로 '자유'이다. 지금도 한국 사회에서는 정부가 지나치게 간섭하여 기업을 제대로 못한다는 불만이 높은데, 이것이 그들이 주장하는 자유의 핵심이다. 재산을 소유할 수 있는 자유와 기업 할 수 있는 자유가 핵심이라는 말이다. 물론 여기에 정치적인 자유, 즉 언론의 자유, 집회의 자유, 양심의 자유 같은 가치들이 보태진다. 그런데 이들은 자유주의의 핵심 가치일 뿐만 아니라 민주주의의 핵심 가치이기도 하다. 정치적인 자유 없이는, 또 일정한 경제적인 자유 없이는 인민의 지배라는 민주주의 이상에 다가갈 수 없기 때문이다. 자유주의와 민주주의가 이렇게 결합하고 여기서 자유민주주의라는 개념이, 또 그 제도가 탄생했다.

그런데 여기서부터 문제가 생긴다. 민주주의가 심화, 확대하기 위해서는 '모든' 인민에게로 참정권이 확대되어야 하는데, 부르주아와 대중 사이에 알력이 생기는 것이다. 민주주의는 정치에 참여하는, 또는 참여할 권리가 있는 사람이 많을수록 그 정도가 깊어진다. 이를 위해서는 사회 구성원들 사이에 일정한 정도의 '평등'이 전제되어야 한다. 평등은 여러 차원에서 볼 수 있는데, 우선 정치적 평등과 법 앞의 평등을 들 수 있다. 이것은 모든 사람이 같은 정치적 권리를 누리고 같은 법 적용을 받는다는 원칙이다. 이런 평등의 확대 과정도 참정권 확대 과정과 마찬가지로 순탄하지는 않았다. 그런데 현대 민주 사회에서 이 차원의 평등은 대체로 확립되었다. 물론 '유전무죄 무전유죄'라는 자조스러운 말에서 보는 것처럼 사법적 평등은 여전히 멀게 느껴지지만 말이다. 민주주의가 심화되기 위해서 필요한 또 다른 차원의 평등은 사회 경제적 평등이다. 사회 구성원들이 사회 경제적으로 대체로 비슷해야 정치참여의 기회와 의욕과 효능이 비슷해지기 때문이다. 아주 가난한 사람은 투표권이 오히려 귀찮을 것이고, 부유한 사람은 정치적 영향력을 행사하기가 상대적으로 쉬울 것이다. 그런 상태에서는 민주주의의 이상이 실현되기 어렵다.

그런데 이런 평등의 이상은 자유의 이상과 충돌한다. 사회 구성원들 사이의 평등을 이루기 위해서는 정부의 역할이 커져야 하고 세금도 많이 걷어야 하고 기업 활동도 어느 정도 규제해야 한다. 자유를 확대하다 보면 강자가 사회를 지배하고 약자는 그들의 시혜를 바랄 수밖에 없는 처지에 놓이게 된다. 약자에게 이런 자유는 별 의미가 없다. 민주주의는 이렇게 충돌하는 자유와 평등의 가치 둘 다를 감싸야 한다. 그래야 제대로 작동한다. 물론 여기서 평등이라고 하는 것은 모든 사람이 다 똑같은 부를 누리고 똑같은 권리를 누려야 한다는 말은 아니다. 루소는 사람은 평등하게 태어났다고 선언했지만, 그것은 그래야 한다는 당위를 말한 것이고 실제로 그가 그렇게 믿었을 리는 없다. 사람은 불평등하게 태어났고 언제 어디서나 불평등할 것이다. 단지 그 불평등을 최소한으로 줄이도록 노력하는 것이 민주주의의 이상이고 또 인본주의의 이상이다.

지금도 자유주의와 민주주의 사이의 애증 관계는 계속된다. 이전과 마찬가지로 지금의 자유주의자들도 대중 민주주의를 불신한다. 대중의 압제가 재산권을 침해하고 기업의 투자 의욕을 떨어뜨리고 경제성장을 둔화시킬 것이라고 믿는다. 그들은 정부의 간섭을 최소화하고 시장 기능에 경제와 사회를, 심지어 교육과 문화도 맡기는 것이 발전의 길이라고 믿는다. 2007년 초엽 교육부와 전국경제인연합회가 공동으로 마련한 고등학교 경제 교과서 시안에서처럼, "많은 떡을 20퍼센트 차지하는 것이 적은 떡을 30퍼센트 차지하는 것보다 대중에게 더 낫다"고 생각한다. 떡의 양만 따지면 그럴 수도 있지만, 이는 사촌이 땅 사면 배 아픈 사람의 심리를 무시한 생각이다. 경제학의 가장 큰 천적은 심리학이다. 불공평한 처사 앞에서는 너 죽고 나 죽어도 좋다는 식으로까지 갈 수 있는 사람의 심리를 고려해야 한다. 그것이 정치의 한 중요한 부분이다. 행복에 관한 사회심리학 연구들에 따르면, 개인의 행복이란 동서보다 연봉이 100만 원 더 많은 데서 나온다고 한다. 상대적이라는 말이다.

10여 년 전에 한국에서 이른바 '뉴라이트' 세력이 집결하여 신자유주의적인 주장들을 펼친 바 있는데, 이들 역시 민주주의를 의심하고 자유주의를 신봉한다. 물론 그들은 민주주의를 대놓고 비판하지는 않는다. 그만큼 민주주의의 사상적 패권과 명분이 아직도 강하다는 증거일 것이다. 하지만 그들이 생각하는 민주주의는 매우 제한된 자유민주주의로, 자유주의에 부합할 수 있는 한도 안에서의 민주주의이다. 최근 30년 동안 세계에서 지배적이었다가 요즘 조금 힘이 빠진 듯한 신자유주의는 자유주의 중에서도 매우 극단적인 시장주의를 지향한다.

하지만 자유주의가 언제나 그랬던 것은 아니다. 19세기 중반 이후 노동 계급의 성장과 소요가 커지자 자유주의 안에서도 이를 수용하려는 움직임이 있었고, 이것이 레너드 홉하우스나 토머스 그린 같은 사람들이 주장한 신자유주의로 나타났다(최근의 신자유주의와는 반대다!). 이들은 시장 만능을 믿지 않아 정부의 복지 기능이 필요함을 인정했고 노동권도 인정했다. 정책적으로는 독일의 비스마르크 재상이 실천한 복지제도 구현으로 나타났다. 이런 자유주의의 분파는 현대 복지국가의 이념적 모태가 되었다. 영국의 그린이나 홉하우스 같은 사람들이 주창한 이런 자유주의는 21세기의 신자유주의와는 달리 민주주의의 이상과 부합한다.

이런 자유주의는 주로 경제적 자유주의라고 할 수 있다. 경제적 자유주의는 민주주의에 부합하는 면도 있지만 또 이를 저해하는 측면도 있다. 그 반면 사상의 자유, 언론의 자유, 참정권의 확대와 같은 자유는 정치적 자유라고 할 수 있다. 이렇게 보면 자유의 내용들도 그 구체적인 성격에 따라 서로 충돌-부합하기도 하고 또 민주주의와 충돌-부합하기도 함을 알 수 있다. 경제적 자유와는 달리 정치적 자유는 민주주의의 기본요소이며 민주주의와 충돌하지 않는다.

자유주의의 비민주성에 주목하고 사회주의적 요소들을 가미한 체제가 사회민주주의 체제라고 할 수 있다. 유럽과 남미에서 강세를 나타내는 사회민주당들은 복지의 확대, 부의 재분배, 교육, 의료 시설과 기간산업의 국가 소유, 서민 위주의 주택 정책 등을 추진한다. 사회민주주의는 그래서 경제 이념으로서의 사회주의와 정치이념으로서의 민주주의가 결합된 정치 경제 이념이라고 할 수 있다. 그런데 여기서 혼동해서는 안 될 사실은 이들이 활동하는 나라들의 경제 체제는 본질적으로 자본주의 체제라는 점이다. 자본주의 체제는 임금 노동을 바탕으로 한 시장 경제가 지배하는 경제 체제이다. 서구 사회주의 정당들이 사회주의 정책을 추구한다는 것은 어디까지나 자본주의의 범위 안에서 사회주의적인 정책들을 가미한다는 것이지 자본주의 경제 자체를 부정하고 이를 사회주의 경제로 대체하자는 것은 아니다. 우리는 이런 경제를 '혼합 경제'라고도 부른다. 하지만 기본은 어디까지나 자본주의이지 사회주의는 아니다. 자본주의에 사회주의를 어느 정도 혼합한다는 것이다.

사회민주주의라는 용어는 혼란을 가져온다. 왜냐하면 그것은 의회 민주주의, 직접 민주주의 등과 같이 마치 민주주의의 한 유형이라는 오해를 불러올 수 있기 때문이다. 그러나 사회민주주의는 민주주의의 한 형태가 아니라, 오히려 민주주의 정치체제 안에서 사회주의 경제 정책을 추구하는 정치 경제 이념과 체제라고 인식하는 것이 정확하다. 사회민주주의가 활동하는 정치 공간은 기본적으로 자유민주주의, 즉 대의(의회) 민주주의 체제이다. 물론 여기에 참여 민주주의의 요소가 가미되지만 말이다.

사회주의의 이상은 민주주의에 매우 가깝다. 자본주의보다 민주주의에 더 가깝다. 적어도 이론상으로는 모든 사람의 평등과 정치참여를 추구하기 때문이다. 그러나 실제로는 사회주의가 모든 사람의 평등을 보장하기는커녕 오히려 일당 독재로 나타났다. 그래서 민주주의와 충돌한다. 현실만 그랬던 것이 아니라 사회주의라는 이념 자체가 그러기 쉽게 되어 있다. 기존 체제를 파괴하고 민중을 끌어가기 위해서는 강력한 지도력이 필요하고, 그것은 반드시 권력 집중을 가져오기 때문이다. 이런 점에서 개인과 공동체와 민주주의의 관계가 문젯거리로 떠오른다. 유럽에서는 물론이고 미국에서도 요즘 지나친 자유주의의 폐단을 고치기 위해 '공동체주의'를 추구하는 사람들이 많아졌다(제4장 참조). 이런 점에서 한국을 비롯한 동양 사회에 존재하는 전통적 공동체주의의 이상이 새로운 주목을 받기도 한다. 그래서 한때 '유교 자본주의'와 같은 개념이 나타나고 이를 높이 평가하기도 했다. 동아시아에서 자본주의 체제가 유교적 규범과 결합하여 국가 주도의 발전을 이루고 기업 등 여러 단체 안에서 공동체적 가치를 추구한다는 것이다. 이런 노선은 사회민주주의보다는 오히려 중상주의에 가까우며, 따라서 이를 '신중상주의'라고 부르는 경우가 많다. 국가가 나서서 개발 계획을 주도하고 민간 부문을 이끌면서 국부 창출을 가장 중요한 목표로 삼는다는 의미에서 중상주의이지만, 과거 유럽의 중상주의와는 달리 금, 은의 획득이 아니라 산업 발전을 통해 국가 경제의 확대를 도모한다는 점에서 '신'중상주의인 것이다. 이러한 국가 주도 발전은 더 진보적인 사회민주주의와는 상당한 거리가 있지만, 이 둘은 공동체적 가치를 중시한다는 점에서는 통하는 바가 있다고 할 수 있다.

04　정치 이념

논의의 순서상 이제 여러 가지 정치이념에 대해 알아볼 차례가 되었다. 정치체의 구성이나 개개인의 정치 행동에는 그것의 기반을 이루는 사고체계나 가치관이 존재하기 마련이다. 우리는 그러한 사고체계나 가치관을 흔히 정치이념이나 정치 이데올로기라고 부른다. 정치이념은 근대 이후에 본격적인 역할을 시작했다. 이 책에서도 근현대 정치이념들에 대해 소개한다. 대체로 나타난 시대순으로 하여 자유주의부터 시작한다.

자유주의와 신자유주의 | 앞 장에서도 간단히 다룬 자유주의는 이름 그대로 개인의 자유를 최상의 가치로 삼는 정치, 경제, 문화 이념이자 사상이다. 여기서 초점은 개인에 있다. 그것은 사회 또는 공동체의 이익보다는 그 구성원 개개인의 자유와 권리가 더 중요하다고 생각하는 사상이다. 근대 서양에서는 왕의 독점적 권력 행사와 재산권 행사를 끝내기 위해 상공인 계급이 참정권과 경제적 자유를 요구하면서 투쟁했는데, 그 기반을 이룬 것이 자유

주의 이념이었다. 그래서 자유주의는 개인의 정치, 경제, 문화적 권리를 중시하면서 이를 보장하기 위한 법의 지배와 권력 분립을 옹호한다. 자유주의는 정치, 경제, 문화, 사회의 다양한 측면에서 작동한다. 정치적 자유주의는 사회제도들이 개인을 위해 존재해야 하며 성별, 인종, 경제적 지위와 무관하게 모든 시민에게 참정권을 주어야 한다고 주장한다. 그리고 법의 지배와 자유민주주의를 강조하여 사상과 언론, 출판, 결사의 자유를 지지한다. 문화적 자유주의는 개인의 양심과 생활방식을 존중한다. 성적인 자유, 종교의 자유, 사상의 자유, 사생활의 자유 등이 그 예이다. 경제적 자유주의는 개인이 갖는 재산권과 계약의 자유를 강조한다. 무역 장벽과 정부의 보조금 지원과 대기업 독점을 인정하지 않으며, 정부의 시장 규제를 원칙적으로 반대한다.

자유주의 이념의 선구를 이룬 '고전적' 자유주의자들은 개개인이 평등하고 자유롭게 경쟁할 수 있는 시장 경제 체제를 옹호했다. 애덤 스미스는 '보이지 않는 손'이 시장의 기능을 자연스럽게 유지해 줄 것이고 이것이 국가의 부를 창출할 것이라고 보았다(국부론). 그러나 이러한 자유 시장 경제에 대한 강조는 노동자 착취와 절대 빈곤, 빈부격차 확대라는 문제를 낳았고, 이러한 문제를 해결하기 위해 영국을 위시한 자본주의 국가들은 사회보장 정책을 채택하기 시작했다. 여기에는 고전적 자유주의를 어느 정도 수정한 '사회적' 자유주의 사상이 이념적 토대를 제공했다.* 사회적 자유주의 사상은 사회복지와 빈민구제, 그리고 빈부격차 완화를 위한 정부의 역할을 인정하고 이를 위해 정부가 세금을 더 많이 걷는 데 찬성했다. 이러한 정책은 영국, 독일 등지에서도 시행되었지만, 특히 스웨덴, 노르웨이 등 북유럽 국가들에서 더 본격적으로 시행되었다. 북유럽 국가들은 사회민주주의 이념을 적극 도입하여 복지국가를 확대했다. 이것은 앞 장에서 말한 대로 자본주의의 바탕 위에 어느 정도 사회주의의 요소를 가미한 것이라고 할 수 있다. 그러나 이러한 복지국가 지향이 여러 나라에서 재정 위기나 공공 부문의 비효율성을 초래했기 때문에 이를 비판하고 자유 시장을 강조하는 이념이 다시 힘을 얻기도 했다. 이에 따라 여러 나라에서 정부 정책을 두고 좌파와 우파가 대립하고 있다. 큰 정부와 작은 정부, 높은 과세와 낮은 과세, 높은 복지와 낮은 복지, 많은 정부 개입과 적은 정부 개입의 상반된 정책들을 두고 신자유주의와 사회민주주의 이념이 대립하고 있으며, 자유주의는 그 안에서 다양한 모습으로 작동하고 있다.

자유주의를 경제 분야에서 극단적으로 끌고 간 이념이 신자유주의이다. 시장 경제의 극단적 추구가 빈부격차의 확대뿐만 아니라 경제 공황을 유발하자, 정부가 개입하는 케인스주의적인 정책이 20세기 중반 미국을 비롯한 서양 국가들에서 활기를 띠었다. 이에 대한 반작용으로 경제적 자유와 시장 경제의 확대를 주창하면서 나온 것이

*

앞 장에서 말한 신자유주의와 같고 최근의 신자유주의와는 상반된다. 같은 용어라서 혼동될 수 있다.

'새로운' 자유주의, 즉 신자유주의라고 할 수 있다. 신자유주의 이념은 비효율적인 국영기업을 민영화하고 세금과 복지 예산 및 정부 규모를 축소하면서 노동의 유연성을 확보하고 시장을 활성화해야 한다고 주장한다. 경제 활동에 대한 국가 개입을 줄이고 경제 사회적 활동을 시장 기능에 맡겨야 한다는 주장이다. 19세기 고전적 자유주의 노선을 이어받아 1970년대에 등장했으며, 프리드리히 하이에크와 밀턴 프리드먼과 같은 경제학자와 로버트 노직 등 정치철학자들이 발전시켰다. 1980년대 영국과 미국에서 나란히 집권했던 마거릿 대처 총리와 로널드 레이건 대통령이 이러한 정책의 전성기를 열었다. 영국의 대처 총리는 국영기업들을 민영화하고 복지를 줄이고 정부 규모를 축소했다. 또 세금을 줄이고 노동유연성*을 확보해 시장을 활성화하고자 했다. 미국의 레이건 대통령 역시 이와 비슷하게 복지 예산과 환경 예산을 축소하고 세금을 감면해 시장 활성화를 꾀했다. 이런 신자유주의적 정책들은 세계 각국의 개방을 강요했다. 이러한 자본과 상품의 세계적 이동은 세계화라는 이름으로 정당화되었다. 따라서 우리가 흔히 거론하는 세계화는 신자유주의의 세계화라고 할 수 있다.

그러나 신자유주의는 고전적 자유주의가 보여 주었던 폐해들을 고스란히 재현했다. 국내외에서 빈부격차가 확대되었고 기업들의 무분

---

*

노동자의 해고를 쉽게 하자는 것인데, 이를 '유연성'이라고 부르는 것은 현실을 호도하는 일이라고 할 수 있다. 가격 인상을 가격 조정이라고 하는 것과 같은 눈속임이다.

별한 이윤 추구가 지구 자원을 갉아먹고 생태계를 교란했다. 경제 분야에 국한해 보더라도 1990년대 후반 동아시아 금융위기에서처럼 적절한 규제나 제도 개혁 없는 무분별한 금융개방과 자유화가 심각한 거품과 금융위기를 초래했다. 한국도 이를 비켜 가지 못했다. 당시 한국의 외환위기를 자유주의에 충실하지 않은 정경유착과 관치금융 때문이었다고 보는 견해도 많았지만, 동시에 준비되지 않은 성급한 자본 시장 개방의 여파였다고 보는 시각도 만만치 않았다. 최근 들어 세계 각지에서는 신자유주의에 대한 비판이 크게 일어나고 있다. 특히 부동산 시장에 대한 지나친 규제 완화와 이로 인한 2008년의 전 세계적 금융위기는 무분별한 자본 팽창의 폐해를 여실히 보여 주었다. 그결과 2010년대 후반에 이른 지금 신자유주의에 대한 신념은 세계적으로 상당히 약화되었다.

보수주의와 신보수주의 | 보수주의는 가장 쉽게 말하면 옛것 또는 이미 존재하는 것을 보존해 나가고자 하는 이념을 말한다. 보수라는 말 그대로의 뜻이다. 그것은 한 사회의 전통 가치를 옹호하고 기존의 사회, 정치, 문화 체제를 유지하면서 점진적인 발전을 추구해 나가는 정치이념이다. 보수주의는 인간 사회를 유기체적으로 보면서 전통의 힘을 중시한다. 우리가 일반적으로 말하는 '보수'와는 달리(이에 대해서는 아래에서 논의함) 보수주의는 근대 역

사상 나타난 일정한 정치적 태도와 가치관 그리고 이념을 가리킨다. 그런데 다른 많은 정치이념과는 달리 보수주의에는 대표적인 이념가나 교본이 존재하지 않는다. 예컨대 사회주의의 대표자인 카를 마르크스나 대표 강령인 '공산당 선언' 같은 것이 존재하지 않는다는 말이다. 이러한 사실이 보수주의의 성격을 모호하게 만들었다. 그러나 많은 사람이 정치적 보수주의의 본격적인 태동을 에드먼드 버크의 『프랑스혁명에 관한 성찰』(1790년)로 잡고 있다.

보수주의 사상에 따르면 인간 사회에는 모순과 상호 대립이 많을 수밖에 없다. 인간은 불완전한 존재이고 사람의 이성은 한계가 분명하기 때문에 합리적 계획으로 인간 사회를 개조하는 것은 불가능하다. 그래서 오래전부터 내려오는 전통과 관습, 지혜에 따라 점진적으로 인간 조건을 변화시켜 나가는 것이 최선이다. 이런 생각은 이성의 힘으로 이상 사회를 건설할 수 있다고 본 계몽주의나 사회주의와는 매우 다른 견해이다. 프랑스혁명(1789년) 직후의 혼란에 충격을 받은 버크는 사회는 전통과 관습과 축적된 지혜를 따라 조금씩 발전해 나가야 한다고 역설했다. 그의 보수주의는 비교적 온건한 보수주의였는데, 20세기 후반기 들어 보수주의는 더 강경한 형태로 세계 정치에 영향을 주었다. 1970~1980년대 전 세계에 불경기가 닥쳐 물가가 치솟고 실업률이 높아지자, 보수주의는 자유방임적 시장 경제를 주장하는 형태로 나타났다. 자유 지상주의적 주장을 펼친 하이에크와 프리드먼의 영향을 받은 보수주의자들은 신우익(뉴라이트) 이데올로기를 표방했다. 이들은 신자유주의적 경제 정책을 바탕으로 시장 논리의 극대화와 정부 역할의 최소화를 추진했다. 그러나 역설적이게도 이들은 자유 시장 경제를 위한 정부의 적극적인 개입을 주장함으로써 정부 역할 축소라는 자기 논리와 모순되는 주장을 펼쳤다. 또 이들은 경제 밖의 영역에서 정부 역할을 증대할 것을 주장했다. 신보수주의자들은 전통적인 사회 질서를 옹호하고 도덕과 윤리의 확대를 위한 정부 역할을 강조했다. 이런 점에서 보수주의자와 자유주의자의 차이는 명백하다.

한국의 보수주의는 해방 이후 자유주의와 함께 주류 엘리트의 정치이념으로 자리 잡았다. 물론 명확한 이론 체계로 자리 잡은 것은 아니었고 정치, 경제 현안에 대한 막연한 가치관이나 태도로 존재했다. 그런데 한국의 보수주의는 북한과의 대치 상황에서 반공주의와 구별할 수 없을 정도로 결합했다. 미국에서 도입한 자유민주주의 제도와 법에 존재의 명분을 두되, 그것이 반공이라는 가치와 어긋난다고 판단될 때는 가차 없이 반공의 편에 섰다. 보수주의와 자유주의는 한국에 들어오면서 반공주의에 봉사하는 하위 이념으로서의 역할을 오랫동안 해왔다고 할 수 있다. 그러나 민주화가 진행되자 한국에서는 반공주의가 어느 정도 약화되고 그것이 진보적 정치이념들과 경쟁하는 새로운 상황이 나타나고 있다.

흔히 네오콘(네오 콘서버티브즘의 준말)이라고도 불리는 신보수주의는 힘의 논리를 중시하는 현실주의적 세계관이라고 볼 수 있다. 1970년대에 탄생하여 1980~1990년대에 특히 미국에서 큰 위력을 발휘한

이념이다. 신보수주의 이념은 대체로 국가 간의 약육강식과 힘의 논리를 중시하고 경제적으로는 신자유주의를 지지한다. 레이건과 아버지 및 아들 부시 대통령 재임기에 이 이념이 두드러졌다. 이것은 미국이 세계 제국으로서의 역할을 넓히는 데 이념적 틀을 제공했다. 경제적으로는 자유 시장을 추구하면서 강력한 군사력을 바탕으로 세계 전역에서 미국의 이익과 가치를 추구하는 이념이다. 이는 미국식 정치 체제, 즉 자유민주주의를 세계에 퍼뜨리려는 개입주의적 사상이며, 따라서 당시 미국 정부는 외국에 대한 군사적, 정치적 개입을 서슴지 않아 국제 분쟁과 전쟁을 초래했다. 이 이념의 정신적 아버지는 정치 철학자인 레오 스트라우스로 볼 수 있고, 미국의 유명한 논객 어빙 크리스톨 등이 이론을 정립했다.

신보수주의의 또 하나의 특징은 기독교 근본주의와 맞닿아 있다는 점이다. 제리 폴웰의 '도덕적 다수' 등 기독교 근본주의 세력들이 1980년대 미국 정치에 큰 영향력을 발휘하여 낙태 반대 등 보수적 가치의 신장에 힘을 기울였다. 이러한 종교적 근본주의는 이슬람 세력과의 충돌에도 정신적 바탕이 되었다. 그리하여 미국 정치학자 새뮤얼 헌팅턴은 '문명의 충돌'이라는 명제를 내세워 유명해지기도 했다.* 신보수

*

그는 세계를 기독교 문명, 이슬람 문명, 유교 문명, 아프리카 문명, 일본 문명 등으로 나누어 이들 사이의 충돌이 세계 분쟁의 중심이 될 것이라고 보았다. 이런 견해는 많은 비판에 직면했다.

주의 기조는 한국에까지 퍼졌는데, 최근 대한민국의 신보수주의 사상은 뉴라이트 전국연합을 비롯한 여러 단체에서 뉴라이트라는 이름으로 전파된 바 있다. 이들은 친일 문제나 과거 독재 유산에 대해 유화적인 입장을 취하고 북한에 대해 강경 노선을 견지한다. 이들과 진보 진영 사이에서 일어나는 많은 의견 대립은 우리가 흔히 보고 있는 것으로, 부연 설명이 필요 없어 보인다.

공동체주의와 공화주의 | 공동체주의는 20세기 후반에 미국 학계를 중심으로 제기된 정치사상이자 정치 이념이라고 할 수 있다. 그것은 정치 공동체 전체의 안녕과 이익을 중시하고 공동체에 대한 시민의 의무를 중시한다. 개인주의에 대비되는 정치사상이며, 개인주의가 정치 이념적으로 나타나는 자유주의와 경쟁 관계 또는 상호 조정 관계에 있다고 할 수 있다.* 공동체주의는 근대 개인주의의 범람에 따른 공동체의 와해를 우려하고 그 회복을 목표로 삼는다. 아미타이 에치오니, 알래스데어 매킨타이어, 마이클 월저, 찰스 테일러 등이 대표적인 학자이다. 공동체주의는 자유주의와 달리 개인의 자유보다는 시민들 사이의 평등을, 개인의 권리보다는

---

*

예컨대 자유주의적 공동체주의는 개인의 자유를 기반으로 하되 공동체의 이익과 조화를 이루고자 하는 이념이다.

책임을 중시한다. 또 공동체주의는 시민의 '미덕' 혹은 '덕성'이라 불리는 가치를 중시하는 사상이다. 그것은 개인의 자유를 중시하는 전통적인 자유주의와 개인의 책임을 강조하는 보수주의의 입장을 절충한 중도적인 입장을 취한다. 따라서 이 이념은 자유주의와 종종 충돌하지만 자유주의의 전통을 모두 부정하지는 않는다. 오히려 개인의 자유와 권리 존중이라는 자유주의의 가치를 받아들이면서 동시에 지나친 개인화, 원자화와 이에 따른 사회적 갈등과 인간 소외를 막기 위한 공동체적 윤리를 강조한다고 할 수 있다.

한편 공화주의는 두 가지 뜻으로 사용되어 왔다. 하나는 세습 군주제에 반해 정치 지도자를 인민들이 선출하는 정치이념을 말하며, 다른 하나는 왕이든 인민이든 개인의 이익과 선호보다는 정치체 전체의 이익에 봉사하고 정치체와 정치적 삶을 선한 것으로 만들기 위한 구성원들의 미덕과 책임을 강조하는 정치이념을 말한다. 이 책에서 더 관련되는 것은 두 번째 것이라고 할 수 있다. 일반적으로 공화주의는 무분별한 사적 이익의 추구보다 공적 이익을 중시하여 사회 공동체에 참여하는 자주적 공민이 정치의 주체가 되어야 한다는 정치이념이다. 공화주의 사상은 플라톤, 아리스토텔레스에서 마키아벨리, 몽테스키외와 루소에게로 이어졌으며, 근대 프랑스혁명과 미국 독립혁명의 사상적 원천이 되었다.

아리스토텔레스는 바람직한 정치 공동체를 만들기 위해서는 거기에 맞는 구성원들의 덕성이 필요하다고 보았다. 그것은 용기와 절제,

정의감 등이었다. 또 그는 지배 계층이 관용과 온정, 자긍심, 지혜를 갖추어야 한다고 보았다. 이후 근대 서양 정치철학의 문을 연 마키아벨리는 불평등과 부패와 이에 따른 사회적 혼란을 극복하고 안정된 공동체를 수립하기 위해서는 질서와 공정한 규칙을 마련해야 한다고 보았다. 이것은 한 특정 계급이 사회 전체를 지배하는 것을 막고 공공선을 추구해야 함을 의미하기도 했다. 그렇게 하려면 공정한 제도와 공공질서를 통해 하나의 계급이 정치체를 지배하지 않도록 해야 하며, 그래야 사회의 공공선이 실현되고 질서도 이루어질 수 있다고 보았다. 아리스토텔레스와 마찬가지로 마키아벨리도 공익을 추구하는 사회 질서와 이를 가능케 하는 시민의 덕성을 중요한 정치 목표로 보았다. 프랑스혁명에 이념적 기반을 제공한 것으로 간주되는 루소는 공공선이 구현되는 동시에 개인이 자유롭고 평등하게 살 수 있는 정치 공동체를 지향했는데, 이를 위해서는 사회 구성원들 사이에 사회 경제적 평등이 이루어져야 한다고 보았다. 그는 초기 자본주의 사회의 불평등과 이에 따라 나타난 사회 구성원들의 비도덕성을 극복한 정의로운 사회를 만들기를 희망했다. 루소는 공동 이익과 공공선이 구현되는 사회에서 비로소 인간은 진정으로 자유롭고 사람답게 살 수 있으며, 이런 사회를 건설하기 위해서는 사회 경제적 평등이 이루어져야 한다고 보았다. 일종의 평등주의적 공화주의라고 볼 수 있다.

최근에 와서 마이클 샌델이 주창한 '공동체주의적 공화주의'가 주목을 끌고 있다. 이는 자유주의와 개인주의, 시장주의가 번성한 결과 공동체가 붕괴되는 자본주의적 사회 현실을 반영한 것이다. 공화주의의 이념에 공동체적인 요소를 가미한 정치이념인데, 개인주의를 벗어난 공동체의 부활을 목표로 한다. 그 수단으로 과거의 공화주의를 부활해야 한다고 보는 것이다. 미국을 대상으로 하여 샌델은 사회 중간의 공동체가 쇠퇴하고 시민들의 공동 의무와 연대감이 쇠약해졌으므로 이를 복원해야 한다고 보았다.

요약하자면, 공화주의는 시민적 미덕에 기초한 공공선의 달성과 시민들의 자기 통치를 지향한다. 개인의 권리와 자유에 중점을 두는 자유주의와는 달리, 공화주의 이념은 사람들이 공공선을 실현하고 자기 통치를 더해 갈 때 진정한 자유가 실현된다고 본다. 따라서 국가의 사회적 개입을 부정하는 자유주의와는 달리 공화주의는 공공선이 실현되는 공화국 건설을 위해 국가가 적극 나서야 한다고 본다. 이런 관점에서 언론과 종교의 자유에 일정한 제약을 가할 수 있다고 본다. 이런 공화주의적 관점은 원자화되고 파편화된 시장 자본주의 사회의 폐해를 극복할 이념적 기반을 이루기도 하지만, 다른 한편으로는 공공선이라는 명목하에 개인의 자유와 민주주의 원칙에 도전할 수 있기도 하다. 그런 점에서 어느 정도 보수적인 색채는 피하기 어렵다. 미국의 공화당이 민주당보다 보수적인 것도 그런 까닭에서이다. (물론 미국의 공화당이 어느 정도 공화주의 이념을 따르고 있는지는 또 다른 문제이다.) 한국의 경우 쿠데타를 일으킨 박정희 세력이 민주공화당이라는 이름을 내걸었다. 한국의 공화당이 공화주의 이념을 따른 것으로 보이지는 않지만, 군부 독재 세력이 공화당이라는 이름을 내걸었다는 사실은 퍽 시사적이다. 물론 이 말이 공화주의가 표방하는 공공선이나 시민적 미덕의 중요성을 부정하는 것은 아니다. 그것은 중요하다. 문제는 그러한 목표를 개인의 권리─자유나 민주주의와 어떻게 조화시킬 것인가에 있을 것이다.

사회주의 │ 사회주의는 생산 수단의 사적 소유를 폐기하고 그 공적인 소유를 목표로 하는 정치 경제 이념이다. 생산 수단을 공동으로 소유하고 노동자들이 노동량이나 필요에 따라 평등하게 분배받는 것을 원칙으로 한다. 근대 사회주의 사상은 초기 자본주의 사회에서 나타난 민중의 비참한 삶에 대한 반작용으로 탄생했다. 플라톤의 사상에서 보는 바와 같이 고대 그리스 시대에 이미 사회주의와 비슷한 사상들이 나타났지만, 그것은 근대에 와서 본격적으로 제기되었다. 근대 사회주의를 향한 구체적인 시도는 1826년 영국의 로버트 오언이 시도한 사회주의적 공동체 실험으로 나타났다. 이어 프랑스의 클로드 생시몽과 샤를 푸리에 같은 사람들도 비슷한 실험을 했으나 모두 성공하지는 못했다. 사회주의는 현재 중국, 북한, 쿠바 등이 공식적으로 채택하고 있는 체제이지만, 1989년 동유럽 체제의 몰락으로 그 힘을 잃었다고 할 수 있다. 그러나 사회주의 이념과 정책은 자본주의 체제에서도 상당 부분 흡수되어 수정자본주의로 나타났으며, 사회당 등 세계 각지에서 비중 있는 정치 세력으로 존재하고 있다.

사회주의 이념가 가운데 가장 영향력이 큰 카를 마르크스는 동료인 프리드리히 엥겔스와 함께 이후 전 세계에 큰 영향을 미친 이념 체계를 제시했다. 그는 오언과 푸리에 등의 사회주의를 '공상적' 사회주의라고 비판하고 자신들의 사회주의야말로 '과학적'인 진짜 사회주의라고 주장했다. 그는 사람 사회의 역사를 지배적 생산수단의 종류에 따라 원시 공산주의, 노예제, 봉건제, 자본주의 단계로 구분하고, 자본주의는 그 모순 때문에 결국 사회주의와 공산주의에 자리를 내줄 것이라고 보았다. 자본주의 사회에서의 국가는 자본가들의 이익을 보장하기 위한 도구에 불과하다고 보았으며, 따라서 공산주의 사회가 도래하면 국가는 저절로 시들어 없어질 것이라고 보았다. 그러나 그들은 자본주의 사회가 소멸할 것임은 분명하지만 그것을 앞당기고 확실히 하기 위해 노동자들의 봉기가 필요하다고 생각했다. 그들은 '공산당 선언'(1848년)이라는 책자를 발간하여 "만국의 노동자여 단결하라!"면서 프롤레타리아 혁명을 부추겼다. 그들은 영국과 프랑스 같은 앞선 자본주의 사회에서 공산혁명이 일어나기를 기대했으나 현실은 달랐다. 이들 선진 자본주의 사회들에서는 각종 노동 입법과 사회보장 정책들을 통해 노동자들의 삶이 조금씩 개선되어 갔으며, 이에 따라 선진국 노동자들은 혁명을 일으킬 동력을 잃어 갔다.

이런 상황에서 자본주의 발달이 뒤진 러시아에서 드디어 혁명이 터졌다. 그것을 주도한 사람은 V. I. 레닌이었다. 노동자의 의식이나 수

효, 조직화가 미진한 러시아에서 혁명이 성공할 수 있었던 것은 레닌이 이론을 정립한 '전위당', 즉 공산당의 지도와 주도가 있었기 때문이었다. 레닌은 마르크스의 이론에 당 이론을 첨가하여 이후 세계 각지로 퍼져 나간 공산주의혁명의 이론적 기반을 제공했다. 이렇게 탄생한 소비에트 체제는 공산당이 장악한 국가가 주도한다는 의미에서 '국가 사회주의'로 불리기도 한다. 이 체제를 통해 소련은 한동안 중공업화를 통해 경제 발전을 이루고 미국과 겨루는 양대 패권세력으로 부상하기도 했으나, 결국 체제의 비효율성과 미국과의 군사 경쟁을 이기지 못하고 와해되고 말았다. 1980년대 후반 고르바초프 서기장이 주도한 페레스트로이카(개혁) 정책은 소비에트 체제를 부정하고 자본주의에 백기를 든 역사적인 정책이다. 이후 소비에트 연방이 해체되고 러시아와 여러 다른 민족 국가로 분열되었다. 이어서 헝가리, 체코슬로바키아 등 동유럽에서도 사회주의 체제가 무너지고 자본주의 체제가 들어섰다. 중국과 북한 역시 혁명이나 이식을 통해 사회주의 체제를 받아들였는데, 소련의 직접 통제를 받지 않은 이 나라들은 여전히 공산주의 일당 독재 체제를 유지하고 있다. 쿠바 역시 마찬가지이다.*

*

중국은 경제 분야에서는 자본주의를 받아들여 자본주의 경제와 공산당 지배가 공존하는 새로운 체제를 만들었다. '공산', 즉 같이 생산하는 자본주의 체제라는 모순을 보인다. 베트남도 비슷한 상황이다.

사회주의는 발생 초기부터 내부 분열을 거듭했다. 가장 중요한 분열은 혁명이 아니라 의회를 통해 점진적으로 사회주의를 이룰 수 있다고 주장한 에두아르드 베른슈타인의 '수정주의'를 둘러싸고 일어났다. 19세기 후반 독일에서 비스마르크가 집권하고 각종 사회보장 제도를 통해 노동자의 삶이 조금씩 개선되고 의회에서도 사회민주당이 의미 있는 의석을 확보하자 선진국에서는 혁명이 불가능, 불필요하다는 인식이 싹텄고 이것을 이론화한 사람이 베른슈타인이다. 수정주의적 사회주의는 독일과 프랑스, 그리고 핀란드, 노르웨이, 스웨덴 등 유럽 사회민주당의 이론적 기초가 되었다. 이들의 이념인 사회민주주의는 자본주의 경제 원리와 사회주의적 평등의 목표를 조화시킨 강력한 정치 경제 이념으로 자리 잡았고, 이 나라들의 이념적 지평에서 온건 좌파의 위치를 차지하고 있다.

사회주의와 비슷한 개념으로 공산주의가 있다. 이 둘의 차이는 대개 세 가지 정도로 나눠 볼 수 있다. 우선 사회주의를 일차적 단계로 보고 공산주의를 그다음 단계로 보는 견해이다. 사회주의 체제에서는 아직 자본주의적 요소들이 완전히 사라지지 않는다. 사회주의는 생산수단의 공동 소유와 공동 생산, 공동 분배를 추구하지만 국가의 존재와 역할이 여전히 건재하다. 이와 달리 공산주의는 이후 국가가 완전히 사라지고 계급들 사이의 구분이 존재하지 않는 완전 평등 사회의 이상향으로 제시된다. 다른 용법에 따르면 사회주의보다 공산주의를 더 급진적인 이념으로 간주한다. 일본이나 서유럽 여러 나라에서는 사회당과 공산당이 따로 존재하는데, 사회당보다는 공산당이 좀 더 급진적인 정책을 펼친다. 이런 구분 역시 위의 단계론과 무관하지는 않다. 다른 한편 사회주의를 더 포괄적인 범주로 보고 공산주의를 그 하위 범주로 보는 시각도 가능하다. 이렇게 되면 사회주의에는 공산주의, 수정주의적 사회주의 등 여러 분파가 존재하는 것이 된다.

민족주의 | 민족주의는 민족의 통합이나 독립을 추구하거나 민족의 전통과 문화를 창달하며 민족 정체성을 유지, 강화할 것으로 목적으로 삼는 정치, 문화 이념이라고 할 수 있다. 민족주의는 서유럽에서 자유주의와 비슷한 시기에 태동한 근대적 이념이다. 영국, 프랑스 등 서유럽에서 먼저 발호한 민족주의는 이후 이탈리아 통일(1871년)과 독일 통일(1871년)의 이념적 기반을 이루었고, 그 뒤 동유럽, 다음에는 유럽 이외의 지역으로 번져 나가 제3세계 민족 독립의 정신적 바탕을 이루었다.

민족주의의 기원에 대해서는 다양한 주장이 있지만, 대체로 영국, 프랑스 등지에 흩어져 살던 주민들이 민족적 정체성을 자각하면서 통합되는 과정에서 발생했다고 본다. 마르크스주의 역사학자인 에릭 홉스봄은 19세기 말 이후 자본주의 발달과 시민권 확대 등과 같은 민족적 동질화를 통해 민족주의가 태동, 확산되었다고 본다. 베네딕트 앤더슨은 18세기 인쇄술의 발달로 인해 사회 구성원들 사이에 하나 된

의식이 확산됨으로써 민족주의가 틀을 잡았다고 주장한다. 그는 민족 공동체를 실제로 서로 만나는 구성원들은 극히 일부인 '상상의 공동체'로 간주하여 민족주의에 대한 부정적 견해를 퍼뜨리는 데 기여했다.* 홉스봄 역시 민족주의를 부정적으로 본다. 이들에 앞서 한스 콘은 서유럽형 민족주의와 동유럽형 민족주의를 구분하여 앞의 것을 시민적, 정치적 민족주의로, 뒤의 것을 문화적 민족주의로 간주했다. 독일 민족주의는 시민적 정치 공동체의 형성과 더불어 발달한 영국, 프랑스의 민족주의와는 달리 언어 등 민족의 전통과 문화에 바탕을 둔 것으로 파악된다. 콘의 분류를 따르지 않더라도 민족주의는 크게 정치적 측면과 문화적 측면으로 나눌 수 있다.

　민족주의 논의에서 중요한 논쟁점 하나는 그것이 근대에 비로소 나타난 현상인가 아니면 그 이전부터 존재한 현상인가 하는 점인데, 주장에 따라 근대론과 원초론으로 나누어진다. 근대론은 민족주의가 근대 자본주의, 자유주의 사회로 와서 비로소 형성되었다고 본다. 그 이전의 봉건 사회에서는 민족의 형성 자체가 없었으며 따라서 민족의식도 존재하지 않았다고 본다. 이와는 달리 원초론에서는 민족이나 그 비슷한 형태의 집단이 고대로부터 있었으며 민족주의 역시 근대

---

*

그러나 앤더슨이 말한 '상상'은 말 그대로 상상이나 '연상'에 가까운 것이었다. 민족주의 비판자들이 이를 '창조'나 '날조'로 오해 또는 왜곡했다. 앤더슨 자신이 이를 계속 지적했다.

이전에도 존재했다고 본다. 서양 학계에서는 대체로 근대론이 우세하며 한국 역시 마찬가지이다. 앤서니 스미스는 이러한 두 대립되는 관점을 조정하려고 했다. 그는 근대 이전에는 근대적 의미의 민족이 존재하지는 않았지만, 민족과 유사한 '족류'(에스니)가 존재했고 그 족류가 근대로 오면서 민족으로 발전했다고 보았다. 이러한 관점은 근대 사회 이전에도 존재했으면서도 근대 민족주의와는 다소 다른 공동체적 유대감을 설명하는 데 유용하다. 관련된 또 하나의 논쟁점은 민족이 먼저 존재했고 민족주의가 그 이데올로기로 나타났는가 아니면 반대로 민족주의가 먼저 나타나서 민족이라는 관념을 형성시켰는가 하는 의문인데, 원초론은 전자를, 근대론은 후자를 주장한다.

근대론은 민족주의가 근대적 형상이기 때문에 탈근대 사회가 되면 민족 국가가 사라질 것이라고 보는데, 이는 세계화론이 민족 국가의 미래를 비관적으로 보는 것과 비슷하다. 그러나 그런 예측과는 달리 민족 국가는 최근 다시 살아나는 경향을 보인다. 특히 1990년대 이후 사회주의 체제가 붕괴하면서 소련, 유고슬라비아 등 다민족 연방이 해체되고 여러 개의 민족 국가로 쪼개졌다. 다른 지역에서도 민족이나 종족 분규가 끊이지 않으며 많은 경우 이는 종교적인 분규와 연결되어 있다. 싫건 좋건 민족주의의 힘은 적어도 당분간 줄어들 것 같지 않다.

정치이념으로서의 민족주의가 유럽에서 탄생하여 다른 지역으로 퍼져 나간 것은 분명하지만, 유럽의 민족주의 이론들은 다른 지역의 민족주의를 설명하기에는 다소 미흡하다. 서로 다른 역사적 경험 때문이다. 유럽의 민족주의는 제국주의로 변질되어 비유럽 지역을 침략하고 지배하는 도구로 사용되었다. 거꾸로 비유럽 지역에서는 서양의 지배에 저항하여 민족의 독립을 이루려 했고, 여기에 민족주의가 이념적 힘을 제공했다. 따라서 유럽의 민족주의가 팽창적, 침략적 민족주의였다면 비유럽의 민족주의는 저항 민족주의의 성격이 강했다. 아시아, 아프리카의 제3세계 민족주의는 서양의 지배에 저항한 민족주의였고, 한국의 경우도 다르지 않다.

한국 민족주의는 대체로 조선 왕조 말기에 외세의 침탈에 반대해 일어났다고 볼 수 있으나, 그 기원의 정확한 시기 특정은 불가능하다. 동학 봉기(1894년)를 기원으로 삼을 수도 있으나, 당시만 해도 조선 왕조의 지배가 당연시되었으므로 근대적 민족주의가 나타났다고 볼 수 없다. 같은 민족이라기보다는 '임금의 백성'이라는 의식이 강했다는 뜻이다. 이후 일제의 침략에 맞선 독립 운동은 근대적 민족주의의 발현이었다고 볼 수 있다. 많은 사람이 1919년의 3·1운동을 한국 민족주의의 참된 기원으로 간주하기도 한다. 3·1운동을 통해 비로소 모든 주민이 동등하고 단일한 민족 구성원으로 행동했기 때문이다. 한국 민족주의는 외세의 지배에 저항한 저항민족주의로 출발했지만, 민족의 독립을 자력으로 이루지 못했다. 일제 강점 이후 해방을 맞았으나 외세의 점령 속에서 민족이 쪼개지고 말았기 때문에 민족 통일이 한국 민족주의의 가장 큰 과제로 남아 있다. 또 다른 과제로, 정치적으로는 민족 자주와 국가 주권의 고양, 그리고 문화적으로는 민족 문화의 창달과 민족 정체성의 확립이 해결을 기다리고 있다.

민족주의는 양면성을 지니고 있다. 한편에서는 쪼개진 민족들을 통합하고 민족 국가를 형성하거나 타민족에게 억압받는 민족을 독립시키는 힘으로 작용하지만, 다른 한편에서는 다른 민족이나 민족 공동체 안에서 다른 구성원들을 억압하고 지배하는 힘으로도 작용한다. 순기능과 역기능이 하나의 몸으로 이루어져 상황에 따라 달리 나타나는 것이다. 서양 학계에서는 민족주의의 부정적인 면을 더 강조한다. 오래전에 민족 국가 형성이 완료되었고 제국주의 팽창과 그에 따른 세계대전을 겪은 사람들로서 자연스러운 현상이라고 할 수 있다. 한국의 경우에도, 과거에는 일제에 대한 저항과 민족 통일을 강조하여 대부분의 지식인이 민족주의에 호의적이었으나 최근에 와서는 서양의 견해를 따라 부정적인 견해가 더 우세하게 되었다. 그리하여 민족주의를 부정하거나 '열린 민족주의'를 강조하는 경향이 두드러지게 되었다. 여기에는 전 세계적인 세계화 물결이나 다문화주의가 미친 영향도 적지 않아 보인다. 그러나 한국은 여전히 미국의 영향하에 있는 약소국으로 민족 자주와 정체성 확보라는 과제를 안고 있으며, 더구나 민족 통일이라는 절대적인 숙제를 안고 있다. 이 과제들을 해결하는 데 필요한 이념은 민족주의이다. 따라서 한국 민족주의는 여전히 매우 중요한 정치이념이라고 할 수 있다. 다만 민족주의의 부정적인 측면을 순화시킬 수 있는 방안 역시 매우 중요하다. 열린 민족주의의 구체적인 내용을 채워 나가야 한다는 말이다.

　민족주의는 그 자체로는 민족이나 국가의 사회경제 정책을 제시하지 않는다. 따라서 민족주의는 자본주의, 자유주의, 사회주의 등 정치 경제 이념들과 결합하기 마련이다. 그래서 좌파 민족주의, 우파 민족주의 등의 구분이 나타나게 된다. 한국에서도 해방 직후에 이런 구분이 명확하게 나타난 적이 있었으나, 분단이 고착화되면서 한국의 우파 민족주의는 보기 어렵게 되었다. 우파들은 친일이나 친미에 기울어 민족주의의 요소가 희미하게 되었기 때문이다. 이승만과 박정희 정권들이 부분적으로 민족주의적 경향을 보이기는 했으나 이들은 기본적으로 미국 의존적인 정권들이었다. 한국 민족주의의 명맥은 군부 독재 시절 민주화 운동과 결합했고, 특히 좌파들에서 강하게 나타났다. 그러나 좌파 이념들은 본질상 민족적이라기보다는 세계적인 성격이 강하다. 정치적 민주화가 달성된 지금 한국의 좌파들도 민족주의를 전면에 내세우지는 않는다. 오히려 이에 부정적인 조류가 강하다. 통일 운동 역시 동력을 잃은 상태이다. 이렇게 보면 한국 민족주의는 2018년 현재 상당히 저하되어 있는 상태라고 할 수 있다.

파시즘과 나치즘 │ 파시즘과 나치즘은 민족주의가 병리화된 것이라고 할 수 있다. 파시즘은 국가가 개인과 사회에 대해 절대 우위를 지닌다고 보는 정치 이념이자 체제이다. 또 그 국가는 절대 권력을 지닌 지도자가 지배한다. 파시즘은 특정 민족의 우수성과 영광을 구호로 내걸고 대외 팽창을 추구한다. 개개인의 자유와 권리는 무시되고 지도자가 규정하는 국가 이익이 절대적으로 우선된다. 그것은 인간의 이성보다는 감성에 의존한다. 그리하여 정치적 선전과 조작이 중요한 기능을 한다. 이를 통해 지도자들은 대중을 동원하며 대중은 지도자에게 열렬한 지지를 보낸다. 파시즘 지도자의 대명사는 이탈리아의 무솔리니인데, 그는 과거 로마 제국의 영광을 20세기 이탈리아에 재현하려고 했다. 파시스트당은 이탈리아 의회를 장악하고 무솔리니는 영웅적인 지도자로 군림하여 대외 팽창의 길을 걸었지만, 제2차 세계대전에서 패배하여 몰락의 길을 갔다. 파시즘이라는 용어는 그 뒤에 좀 더 포괄적이고 부정확하게 쓰이는 경우가 많아졌다. 가부장적인 권위주의를 지칭하기도 하고, 때로는 남성 우월적인 태도를 이르기도 한다. 하지만 파시즘이라는 용어를 지나치게 확대 적용하는 것은 바람직하지 않다.

독일에서 탄생한 나치즘은 파시즘과 비슷하지만 더 극단적이었다. 무솔리니의 파시즘에는 인종주의가 없었으나 히틀러의 나치즘에서는 인종주의가 핵심 역할을 했다. 히틀러는 독일 민족의 영광을 좇는 데 그치지 않고 유대인 학살 등 인종 청소의 만행을 저질렀다. 제1차 세계대전에서 패배하고 엄청난 배상금을 물어야 했던 독일의 가혹한 상황에서 국민들의 불만에 힘입어 위대한 아리안족을 외친 히틀러가 집권했다. 히틀러는 자신의 이념을 국가사회주의(나치즘)라고 불렀다. 국가주의와 인종주의(특히 반유대주의)가 결합한 공격적이고 팽창적인 정치이념이었다. 히틀러의 무모한 독일 팽창 정책은 결국 제2차 세계대전을 불러일으켰고 여기서 패전한 히틀러의 자살로 막을 내렸다.

　이러한 경험 때문에 독일에서는 현재 나치즘을 연상시키는 행위를 법으로 금하고 있다. 하지만 독일뿐만 아니라 서양 각지에서 네오나치의 활동이 계속되고 있는데, 주로 인종주의적 현상으로 나타나고 있다. 이는 유럽 각국에 백인 아닌 이민들이 증가하여 사회 갈등의 한 축으로 등장했기 때문이다. 이른바 다문화(더 정확하게는 다민족) 현상의 증가로 인종 갈등과 경제 갈등이 결합하여 테러 등 사회적 혼란을 부추기고 있다.* 이런 인종주의적 폭력은 러시아, 미국 등지에서도 나타나고 있는데 모두 네오나치즘 현상이라고 할 수 있다.

*

다문화주의는 주로 서유럽과 미국에서 나타난 것으로, 한 사회에 존재하는 여러 문화 또는 민족의 정체성과 가치를 존중해야 한다는 이념이다. 더 나아가 세계적인 인구 이동과 이민에 대해 관대한 입장을 취하고 한 나라 안의 소수 민족, 소수 인종에 관용을 베풀어야 한다고 주장한다. 서양 여러 나라에서 다문화주의 정책을 펼친 결과 이들 사회에 이민자가 급증했고 이에 따른 사회 정치적 갈등도 증가했다. 경제적인 갈등뿐만 아니라 종교적, 문화적인 충돌도 급증하여 인종주의와 이에 따른 폭력이 증가하는 계기가 되었다. 그래서 다문화주의에 대한 비판도 강하게 제기되고 있다. 한국에서도 다문화주의를 당연시하는 주장이 많지만, 아직 한국은 다문화 사회라고 하기에는 이르고 그것이 바람직한 미래상인지에 대해서도 의문의 여지가 크다.

생태주의와 여성주의 | 생태주의와 여성주의는 모두 20세기 후반기에 활발히 제기되기 시작했다. 앞에서 다룬 정치이념들에 비해 비교적 새로운 이념들이라고 할 수 있다. 그만큼 이들이 제기하는 관심은 자본주의나 민주주의가 무르익은 단계에서 나올 법한 것이라고 할 수 있다. 자본주의 초기 단계에서는 사람들이 환경과 생태계에 관심을 기울일 만큼의 여유가 없었다. 그러나 자본주의 발달이 환경을 훼손하고 생태계를 파괴하기 시작하고 사람들의 물질적 삶이 어느 정도 향상되자 이 문제에 대한 관심이 나타나기 시작했다. 여성 권리에 대한 관심도 비슷했다.

생태주의는 자연을 인간과 비인간이 유기적으로 연결된 하나로 본다. 이전에 나타난 '환경주의'에 비해 더 급진적이고 근본적이라고 볼 수 있다. 지구 환경 문제를 기술적인 문제로 보지 않고 근본적인 사회 구조의 문제로 본다. 전통적 환경주의가 기존 사회의 틀을 그대로 유지하면서도 환경 문제를 해결할 수 있다고 여겼다면, 생태주의는 사회, 경제, 정치 구조에 환경의 근본 문제가 있다고 본다. 전통적 환경주의가 여전히 자연을 인간 발전을 위한 도구로 보는 반면, 생태주의는 인간을 비인간보다 위에 놓거나 자연을 인간을 위한 도구로 보는 시각을 거부한다. 앞의 것을 '얕은' 생태주의로, 뒤의 것을 '깊은' 생태주의로 구분할 수도 있다. 생태주의는 현대의 지배적인 생산 양식이자 문명의 토대가 된 자본주의 발전 자체를 비판하기 때문에 사회주의나 무정부주의와 결합되기도 하며, 종종 남성 중심의 사회에 대한 여성주의적 도전과 결합되기도 한다.

　환경 문제에 대한 관심은 고대로부터 있었지만, 생태주의가 본격적으로 나타난 것은 1960~1970년대 서양에서라고 할 수 있다. 급속한 산업화와 도시화의 결과 자연 생태가 파괴되고 사람 삶의 조건이 악화되자 자연보호에 대한 관심이 강해졌고, 드디어 사람의 자연 지배 자체를 거부하는 깊은 생태주의로까지 발전하게 된 것이다. 1980년대 들어 독일 등 서유럽에서 환경 문제의 정치화가 본격화되어 녹색당들이 활약하기 시작했고, 사람들은 이것을 '녹색 정치'라고 불렀다. 생태주의의 문제는 한 나라에 국한되지 않고 세계 전체에 존재하기 때문에 세계 정치의 중요한 의제를 이루기도 한다. 국제연합 등 정부 간, 비정부 간 국제기구들이 환경과 생태 문제의 해결을 위해 활발한 활동을 하고 있는 것은 어렵지 않게 알 수 있다.

　여성주의는 여성의 사회 정치적 권리를 신장하고 더 나아가 개인 영역에서도 여성의 권익을 넓히려는 정치이념이다. 현대적 의미의 여성주의는 19세기 유럽에서 시작되었다. 영국의 메리 울스턴크래프트가 『여성의 권리 옹호』(1792년)에서 여성의 참정권을 선구적으로 주장했고, 19세기 중반 이후 영국을 비롯한 여러 나라에서 여성 참정권 운동이 활발해졌다. 그 결과 1893년에 뉴질랜드에서 여성들이 전국 선거에서의 투표권을 획득했고, 1918년 영국(30세 이상), 1920년 미국에서 각각 여성 투표권이 부여되었다. 이러한 정치적 권리의 확보가 여성주의의 제1단계(흔히 제1의 물결로 불림)를 이루었다. 이후 여성의 정치적 권리는 남성과 동일하게 되어 여성주의 운동의 제1단계가 마감되게 되었다. 한국에서도 1948년 정부 수립과 함께 여성 참정권이 도입되었다. 비교적 이른 시기에 여성 참정권이 확보된 것이었다.

그러나 여성주의자들은 여기에 만족하지 않고 사적 영역에서 남성과 동일한 권리를 갖고자 했다. 그리하여 1960년대 들어 여성주의의 제2단계가 시작되었다. 여성들은 전통적인 주부와 어머니의 역할에 만족하지 못하고 여성 억압의 사적, 심리적, 성적 측면에 초점을 맞추어 남성과 동등한 권리를 주장했다. 이는 '여성해방운동'으로 인식되고 점차 급진화되었다. 그들은 정치뿐만 아니라 광범한 사회 분야에서의 변화를 요구했다. 그리하여 '젠더' 문제는 정치 쟁점의 주요 부분을 차지하게 되었다. 그러나 시간이 지나면서 급진화된 여성해방운동에 대한 비판이 고조되고 여성주의가 온건화되면서 그 안에 다양한 분파가 생겨나게 되었다. 여성주의가 의도한 당초 목표가 상당히 달성된 결과 '탈여성주의' 사조도 생겼다. 1990년대 이후 지금까지 여성주의는 다양한 모습으로 전개되고 있다. 그것은 자유주의와도 결합되고, 때로는 사회주의-마르크스주의와, 또 때로는 탈근대주의, 흑인 권리 운동 등과도 결합된다.

이것은 여성주의의 제3단계를 의미한다. 1990년대 이후 나타난 새로운 여성주의 사조는 남성과 여성의 차이를 강조한 이전의 급진적 여성주의에서 탈피하여 여성들 사이의 차이에 더 주목한다. 이전의 여성주의가 서양 선진 사회의 백인 여성들에 초점을 맞추었다는 자각이 일

04 정치 이념

_140
141

어나, 흑인과 제3세계 여성들이 그들 자신의 문제에 주목하기 시작했다. 미국에서는 여성 문제가 인종 문제와 결합되었으며, 제3세계에서는 서양 사회에 집중한 여성주의를 비판하고 비서구 사회의 고유한 문제에 주목하게 되었다. 탈식민주의자들은 여성주의를 서양 역사의 산물로 보며 비서구 지역에 그대로 적용할 수 없다고 본다. 이런 점에서 여성주의는 탈식민주의와 밀접히 연관되기도 한다. 그리하여 이 단계의 여성주의는 종교, 인종, 문화적 정체성에 주목하는 이른바 '정체성의 정치'와 결합된다. 제3단계 여성주의는 여성이 희생자라는 일방적인 관념을 넘어서서 여성의 성적, 개인적 의무를 강조하기도 한다. 여성이 더 적극적이고 긍정적인 사회적 역할을 맡아야 한다고 주장하기도 한다. 그리하여 여성주의 안에서도 다양한 논쟁이 일어나고 있다.

보수와 진보, 좌파와 우파 | 생태주의와 여성주의는 대개 진보적인 이념으로 간주된다. 어느 사회에서든 진보와 보수 사이의 이념갈등이 있는데 한국도 예외는 아니다. 진보는 현 상황에서 앞으로 더 나아간다는 의미로, 현실 문제를 개선하고 새로운 질서를 좇는 이념적 경향이라고 할 수 있다. 이에 비해 보수는 이미 있는 것을 지키고 보존하려고 하는 경향을 말한다. 물론 보수 측에서도 변화를 거부하는 것은 아니지만, 그 변화도 중심되는 기존 가치를 지키기 위한 것으로 국한한다. 위에서 살펴본 여러 이념은 진

보적인 것도 있고 보수적인 것도 있다. 어떤 이념은 상황에 따라 진보
일 수도 있고 보수일 수도 있다. 생태주의와 여성주의는 기존 질서를
변화시키려는 의도가 강하기 때문에 진보적으로 간주된다. 자본주의
체제에서 사회주의와 (이 책에서 다루지 않았지만) 무정부주의도 마찬
가지이다. 그러나 사회주의는 옛 사회주의 국가들에서는 보수 또는
반동으로 간주될 것이다. 자유주의는 과거 상공인 계층이 귀족들에
게 도전할 때는 진보적이었지만, 이들이 노동 계급의 권리 확대를 억
누를 때는 보수 이념으로 작용한다. 신자유주의는 세계화라는 상당
히 급진적인 변화를 꾀하기 때문에 진보적이지 않은가 하는 의문을
품을 수 있지만, 근본적으로 자본주의의 권력인 자본의 힘을 강화하
는 것이 목표이기 때문에 보수적 이념으로 보는 것이 옳다. 꼭 그렇지
는 않지만 공동체주의와 공화주의는 비교적 보수적인 색채가 강하다
고 할 수 있다. 공동체의 이익과 시민적 덕목을 강조하기 때문이다.
보수주의와 신보수주의는 이름 그대로 당연히 보수적인 이념이다.

　진보와 보수의 구분에는 정치 경제적인 면뿐만 아니라 사회 윤리
의 면도 중요하다. 낙태나 동성애를 보는 눈, 소수자에 대한 입장, 종
교와 정치의 관계 등에서 둘은 차이를 보이며, 각각 정치 세력화하는
경우도 많다. 미국에서 이런 일이 두드러진다(특히 앞의 신보수주의 참
조). 한국에서는 사회 윤리적 쟁점이 정치화되는 정도는 아직 미약하
지만, 조금씩 그 조짐이 보이고 있다. 예컨대 2017년의 제19대 대통령
선거에서 동성애 문제가 거론되기도 했다.

진보, 보수의 구분과 비슷하게 좌파, 우파의 구분도 자주 사용하는데, 이는 주로 사회 경제적인 개념이다. 사회에서 좌파는 정부 역할 확대와 시장원리 축소, 복지 확대, 공기업화 또는 국유화 확대를 축구하고, 우파는 그 반대로 정부 역할 축소와 시장원리 확대, 복지 축소, 경제적 자유 확대, 기업의 민영화 등을 추구한다. 한국에도 이런 구분을 적용할 수 있지만, 한국에서는 진정한 의미에서의 좌파는 비중이 작다. 2018년 현재 제도권에서는 정의당 정도가 세계적 기준으로 볼 때 중도좌파로 볼 수 있다. 프랑스의 사회당이나 독일의 사회민주당과 비슷한 이념을 보인다. 한국에서의 이념 구분은 따라서 좌우파보다는 보수, 진보의 구분이 더 적합해 보인다. 물론 어느 구분이라도 모호한 측면이 있는 것은 사실이다. 한국의 진보나 좌파는 유럽이나 중남미에 비해 (또는 세계적 기준에 비해) 오른쪽으로 치우쳐 있다. 보수-진보의 구분이든 좌우파의 구분이든 한국에서는 사회 경제 정책에서는 그 차이가 크지 않다. 오히려 차이는 북한 문제와 과거사 문제에서 두드러진다. 식민 피지배 경험과 분단-전쟁의 경험 때문이다. 이 책의 성격상 자세한 설명은 생략한다.

05   개인 , 국가 , 사회

이 장은 정치체를 구성하는 주요 요소들인 개인과 국가, 그리고 사회에 대해 논의한다. 그런데 논의에 들어가기 전에 먼저 용어들에 대해 간단히 알아볼 필요가 있다. 혼란이 있을 수 있기 때문이다. 그중 개인이라는 말은 혼란이 없다. 그러나 국가라는 말은 여러 뜻으로 쓰이기 때문에 혼란스럽다. 여기서는 널리 통용되는 국가의 두 가지 뜻만 구분한다. 우선 국가는 '나라'와 같은 뜻이다. 한국, 일본, 통가, 라이베리아라는 나라들은 곧 한국, 일본, 통가, 라이베리아라는 국가들이다. 이는 주로 다른 나라에 대비되는 정치적, 법적, 문화적 실체라고 할 수 있다. 둘째, 국가를 정부와 같은 뜻으로 사용하는 경우도 많다. "국가가 세금을 많이 걷어 간다"는 말에서 국가라는 말을 정부라는 말과 바꾸어도 뜻은 똑같다. 이는 국가가 개인과 대비될 때의 용법이다. 그런데 이런 용법이라도 국가가 정부보다는 좀 더 크고 넓은 존재라는 느낌이 들 때가 있다. 국가와 사회를 대비할 때 흔히 이런 느낌이 든다. 이럴 경우는 국가를 공권력을 가진 총체라고 이해하면 된다. 그래서 거꾸로 사회는 공권력이 직접 개입되지 않은 집단생활의 총체가 된다. 이렇게 구분해 놓으면, 앞으로의 논의에서 국가라는 말에 대해 특별한 설명이 없더라도 그때그때 어떤 용법으로 사용되는지를 이해할 수 있으리라 본다.

개인과 국가 | 국가는 법이라는 이름으로 사람을 감옥에 넣기도 하고 심지어 죽이기도 한다. 사람들은 대개의 경우 이에 저항하지 않고 국가의 처분을 받아들인다. 왜 그럴까? 꼭 국가의 폭력 수단이 무서워서만도 아닐 것이고 반드시 옴짝달싹할 수 없는 상황이라 그런 것도 아닐 것이다. 그것은 사람들이 국가의 권위를 인정하기 때문이다. 그러면 사람들은 왜 국가의 권위를 인정하는가? 또 국가는 어떻게 해서 태어나게 되었는가? 정부의 권위가 생겨나기 전의 상태를 서양 정치사상가들은 '자연 상태'라고 했다. 홉스는 자연 상태의 무질서를 벗어나기 위해 사람들이 국가를 형성했고 그 국가에 통치권을 부여했다고 한다. 이것이 바로 '사회계약론'이다. 사회계약론은 그 뒤 시간이 지나면서 존 로크와 장 자크 루소를 거치면서 국가의 절대통치권을 부정하고 국민의 저항권을 인정하는 방향으로 발전했다.

가만히 생각해 보면, 인간이 언제부터 국가를 형성하고 그 국가의 권위를 인정하면서 여러 종류의 규제와 억압 심지어 탄압을 수용하게 되었는지 신기한 생각이 든다. 아니, 옛날에는 국민들이 그런 국가 권력과 권위를 수용했을 뿐만 아니라, 수용하고 싶지 않더라도 할 수밖에 없었다. 국가가 가진 막강한 힘 때문이었다. 국가는 개인을 착취하고 억압했으며, 민중은 지배층의 횡포에 속수무책이었다. 민중이 그나마 사람같이 살 수 있게 된 것은 현대에 들어서였다. 이런 점에서 보면 인간 사회는 옛날에 비해 엄청나게 발전했다.

사회계약론이 나타나기 전에는 왕의 권한이 하늘, 즉 신에게서 나온다는 '왕권신수설'이 세력을 떨쳤다. 이는 왕의 세습 권력을 정당화하기 위한 이론적 근거였다. 원시 시대부터 사람들이 무리를 지어 살기 시작하면서 어떤 형태로든 정치체가 만들어질 수밖에 없었고, 그 정치체는 최고 정치권력을 가진 개인이나 집단이 나머지 대다수 구성원을 지배, 통치하는 체제가 되었다. 그리고 이를 뒷받침하는 정치이론이 만들어졌던 것이다.

현대에 와서 왕권신수설은 물론 사라졌지만, 사회계약론도 새로운 형태를 띨 수밖에 없는 상황이 되었다. 사회계약이라고는 하지만, 인간이 태어나면서부터 의식적으로 국가와 계약을 맺는 것은 아니다. 명시적인 계약서가 있는 것도 아니고, 아이가 태어날 때 그 부모가 대리인이 되어 정부와의 계약 서류에 도장을 찍는 것도 아니다. 그런데 왜 계약이라고 할까? 그것은 결과적으로 일종의 계약과 같은 것이라는 뜻일 것이다. 국가는 개인의 목숨과 재산과 안전을 지켜 주고 그 대신 개인은 국가에 각종의 권한을 이양하여 통치를 맡기고 주어진 의무를 수행한다는 계약 말이다. 이런 계약을 증명하는 계약서로 헌법을 비롯한 각종 법률을 들 수 있을지 모른다. 하지만 다시 말하지만, 개인이 태어나서 이런 계약서를 보고 계약을 맺는 것은 아니다. 이런 점에서 개인의 계약 자유는 원천적으로 제한되어 있다고 볼 수 있다. 국가가 마음에 들지 않는다고 해서 국적을 마음대로 바꿀 수는 없기 때문이다. 국적을 바꾸려면 매우 까다로운 조건을 충족시켜야 한다. 이렇게 보면 이런 사회계약은 상당히 불평등한 계약이라고 볼 수 있다. 그런 불평등이 정치의 한 조건, 즉 국가와 국민 사이의 한 조건이라고 할 수 있다.

하지만 국적을 마음대로 바꿀 수 없다고 하여 정부의 부당한 행동에 대해 저항하지 못하라는 법은 없다. 홉스와 달리 로크는 정부에 대한 시민의 저항권을 인정했으며, 루소는 한 걸음 더 나아가 사회 구성원의 '일반 의지'를 위배하는 정부를 뒤집어엎을 혁명의 권리를 인정했다. 그런 루소의 사상이 프랑스혁명의 사상적 기초가 되었음은 잘 알려져 있다. 중국에서도 오래전에 맹자가 백성을 어질게 돌보라는 하늘의 뜻, 즉 천명을 어기는 임금에 대해 백성이 저항할 수 있다는 저항권을 인정하여 비슷한 사상을 제시한 바 있다. 제3세계와 한국에서 꾸준히 지속된 민주화 투쟁도 의롭지 않은 정부에 대한 국민의 저항이 나타난 것이고, 이는 국가에 대한 개인의 저항권으로 당연히 인정되는 권리인 것이다. 19세기 이후에는 이른바 '시민 불복종'이 하나의 정치적 관념이 되었다. 주민세의 부당함에 저항한 미국의 자연주의자 헨리 소로나 영국의 인도 지배에 비폭력 불복종 노선으로 맞섰던 마하트마 간디가 대표적인 경우이다. 이들은 부당하다고 생각하는 국가의 정책이나 처분에 불복종으로 맞서서 자신의 의사를 관철했고, 그 뒤 전 세계에 걸쳐 시민-국가 관계에 관한 정치사상에 심대한 영향을 미쳤다.

그런데 어쨌든 국가를 비롯한 정치체에서는 개인이 최고 권위체(국가, 정부, 지방자치단체 등)에 자신의 권리를 상당 부분 양도한다. 여기서 개인과 국가의 권한을 어떻게 분배하고 둘이 어떤 관계를 맺을 것인지에 관해 매우 복잡한 문제들이 발생한다. 먼저 국가가 개인에게는 인정하지 않고 자신이 독점하는 것들이 있다. 무엇보다 폭력 수단이 대표적이다. 국가는 군을 독점하고 경찰력을 독점한다. 개인에게는 특별한 경우를 제외하고는 무기 소지를 인정하지 않는다. 그렇게 하지 않으면 국가 유지 자체가 어려워지기 때문이다. 그렇게 하지 않으면 국가에 저항하는 세력이 폭력 수단을 소유하려 할 것은 정한 이치이다. 요즘 세계를 떠들썩하게 만드는 알 카에다나 IS 같은 무장 세력들이 기존 정부를 부정하고 새로운 세상을 만들기 위해 국가가 정한 폭력 수단의 독점에 도전하고 나왔다. 미국에서는 다른 어느 나라보다도 무기 소지가 덜 제한되어 있는데, 이는 서부 개척 시절에 개척자들의 자기 방어를 위해 총기 소지를 허가한 전통 때문이다. 그런데 그런 필요성이 사라진 지금도 총기 소지가 계속 허가되는 것은 무엇보다도 총기업자들의 강한 입김 때문이다. 그 결과 미국 사회는 총기 남용의 불안이 항상 도사리고 있다. 시민의 안전이 총기업자들의 이익 아래 있는 현실은 현대 자본주의와 그것에 지배되는 미국식 민주주의의 병폐를 잘 보여 준다.

　폭력 독점뿐만 아니라 국가가 독점사업으로 하는 것도 많이 있다. 주로 철도, 전기, 수도, 도로 같은 사회간접자본에 집중된다. 국가가 이런 분야를 직접 운영하는 것은 공공성이 강한 분야라 공익을 추구하기 위해서이다. 또 국가의 독점사업으로 수익과 세수 확대를 위한 것이라고도 할 수 있다. 요즘 와서는 이런 국영기업이나 공기업들이 민영화되는 경향이 많이 나타난다. 그것은 신자유주의가 세력을 넓힌 결과이다. 민영화의 주된 명분은 효율성과 수익 제고이다. 사실 많은 공기업이 비효율적인 것은 사실이다. 하지만 민영화의 결과 지나친 이윤 일변도 정책 때문에 상품값이 올라가고 안전성이 낮아지는 것이 또 다른 문제로 나타났다. 영국에서 철도를 민영화하여 서비스의 질이 크게 낮아지고 미국 캘리포니아주에서 전기를 민영화한 뒤 전기료가 크게 오른 것이 대표적인 보기로 자주 거론된다. 여기서 보듯이 현대 사회에서 개인과 국가 사이에 권한을 두고 일어나는 긴장은 주로 효율성과 공공성 사이의 긴장으로 나타난다. 어느 쪽을 더 중시하는지에 따라 앞 장에서 본 정치이념이 달라진다고 할 수 있다.

국가는 어디까지 간섭할 수 있는가 ｜ 사회계약에 따라 개인이 국가에 많은 권한을 양도했다고 했는데, 그러면 국가는 어디까지 개인 생활에 간섭할 수 있는 것일까? 이 또한 수많은 정치 이론과 이념이 서로 싸우는 논쟁거리이다. 크게 개인주의-자유주의 대 국가주의-공동체주의의 싸움이라고 할 수 있다. 이념 자체에 대해서는 앞 장에서 다루었으니, 여기서는 몇 가지 구체적인 쟁점들을 살펴보자.

제2장에서 규정한 정치 영역에서 벗어나는 것에 대해 정부가 간섭하는 것은 부당하다. 이에 대해서는 대체로 다 동의하는 편이다. 물론 그 범위의 경계선을 설정하는 것이 그렇게 간단하지는 않을 것이다. 조지 오웰의 『1984』에서는 국가가 개인의 사생활을 포함한 모든 영역을 감시하고 감독한다. 이는 극단적인 경우이지만, 전체주의 체제에서는 이와 비슷한 모습이 나타나기도 했다. 독일의 히틀러 체제나 소련의 스탈린 체제에서는 사적 영역이 극도로 축소되고 모든 것이 국가권력의 횡포 아래 들어갔다.

10년쯤 전 영국에서 몸무게가 89킬로그램인 어린아이를 구금하여 치료하겠다는 정부 방침을 보도한 적이 있다. 과연 이것이 정당한 정부의 간섭인가에 대해서는 논쟁이 있을 수 있다. 먹는 것, 살찌는 것, 또 부모가 이를 통제하는 것은 정치도 아니고 공공 영역도 아니고 개인의 사적 영역에 속한다. 따라서 이에 정부가 간섭하는 것은 부당하다. 만약 이런 일에 간섭하기 시작하면 개인의 용모나 기호에 대해서도 정부가 간섭하기 시작할 것이다. "이는 국가 통제를 확대하고 개인의 자유를 축소하는 나쁜 사례이다"라고 주장할 사람도 있을 것이다. 그 반대로, 살찌는 것 자체는 개인의 사적 영역이지만, 그것이 쌓일

때 전 사회적인 문제가 되고, 따라서 그것은 정부의 관심사가 될 수밖에 없다고 하는 주장도 있을 것이다.

사실 요즘 선진국에서 일어나는 정치 쟁점들 중 이런 종류의 것들이 매우 많다. 낙태의 자유, 동성애의 자유, 총기 소유 규제 등등의 윤리적, 사회적 쟁점들이 특히 미국 사회에서 커다란 정치 쟁점이 되는 것을 볼 수 있다. 이런 문제는 한편에서는 윤리적 문제라고 볼 수 있지만, 다른 한편 사회 공공성에 커다란 영향을 준다는 의미에서 매우 정치적인 문제이기도 하다. 한국에서는 그동안 민주화의 쟁점이 워낙 컸고 사회 분화와 가치관의 다양화가 덜했기 때문에 이런 쟁점들이 정치 쟁점으로 떠오르지 않았지만, 이제 점점 다양한 문제가 국가 간섭과 개인 자유라는 측면에서 나타나고 있다. 이를테면 대마초를 합법화해야 한다는 주장이 대두하여 논란거리가 되기도 했는데, 이런 논란은 앞으로 점점 더 많아지리라고 생각된다.

이런 점에서 개인 자유를 어디까지 허용해야 하느냐 하는 문제는 매우 첨예하고 근본적이며 또 복잡한 문제이다. 자유주의의 전통에서는 남에게 해를 끼치지 않는 한 개인의 모든 행동을 허용해야 한다고 주장한다. 존 스튜어트 밀의 주장이 대표적이다. 그러나 이에 대한 반론이 즉각 제기되는바, 그것은 남에게 '직접' 해를 끼치지 않더라도 간접적으로 해를 끼칠 수 있는 행동이라면 그것도 규제해야 한다는 반론이다. 예를 들어, 마약 복용 같은 것은 남에게 직접 해를 끼치지는 않지만 그런 나쁜 행동이 남에게 나쁜 영향을 줄 수 있다는 것이다. 이에 관련된 불법 행동이라든가 사회적 해악을 고려하지 않더라도 말이다.

여기서 공동체적 가치가 개입된다. 개인과 국가만이 아니라 개인과 공동체의 관계도 문제가 되는 것이다. 개인과 공동체의 관계는 개인과 국가의 관계만큼 직접적으로 정치적이지는 않다. 예를 들어, 사회의 도덕률은 국가가 제정한 법과 달라 공권력이 개입할 여지가 적다. 부모에 효도를 한다거나 혼전 순결을 지킨다거나 하는 문제들은 사적인 도덕으로 정부가 개입하지 않는다. 하지만 경우에 따라 개입하는 경우도 적지 않다. 조선시대에는 불효자를 관에서 처벌하는 것이 예사였다.

그러나 공동체의 가치가 공적인 규제의 대상이 되는 경우도 적지 않다. 한국에서 대표적으로 논란이 되었던 경우가 얼마 전 폐지된 간통죄 처벌에 관한 법률일 것이다. 부부 사이에 서로를 속이는 성적 부정행위가 공적 권위의 규제 대상이 되어야 하는지는 그 시대 그 사회의 도덕률에 따라 바뀔 수 있다. 어떻든 개인 생활에 대한 국가의 간섭은 해당 사회가 당면한 도덕률에 영향을 받는다. 사회가 변함에 따라 그 도덕률도 변하고 이에 따라 국가 간섭의 내용도 달라진다. 법이 달라지는 것이다. 물론 법의 변화는 사회의 변화보다 뒤늦게 마련이다. 어쨌든 이런 문제들은 직접적인 정치적인 문제가 아니다.

개인과 공동체의 관계가 더 직접적으로 정치적인 문제가 되는 경우는 아무래도 앞 장에서 본 개인의 자유와 공동체 전체의 이익 가운데 어느 것에 더 치중하느냐에 관한 가치관의 문제가 될 것이다. 그리고 어떤 방법이 진정으로 개인의 또는 공동체의 이익에 더 봉사하느냐 하는 방법 선택의 문제도 될 것이다. 예를 들어, 정부가 세금을 많이 걷어 공적인 사업을 많이 벌일 것이냐, 아니면 개인의 자유 선택과 시장 기능에 맡기는 것이 궁극적으로 공동체 전체에 도움이 더 될 것인가 하는 문제일 것이다. 이런 문제들에 대해서는 앞 장에서 이미 다룬 바와 같다.

국가는 계급 지배의 수단인가, 중립적인 존재인가

카를 마르크스는 국가가 지배 계급의 도구라고 했다. 이 말이 얼마나 사실일까? 이에 비해 막스 베버는 권위를 가진 통치와 행정의 총체를 국가라고 파악했다. 국가는 과연 그것뿐일까? 마르크스와 베버는 국가에 관한 두 개의 매우 다른 접근법을 대변한다. 국가에 관한 그 뒤의 사상과 연구들이 이 두 사람의 사상을 이어받고 있다고 해도 지나치지 않다.

마르크스가 보기에 국가라는 것은 지배 계급이 자신의 지배를 강화하고 영구히 하기 위해 이용하는 도구에 불과하다. 자본주의 사회에서 그것은 자본가 계급이 노동자를 착취하고 이윤을 극대화하기 위해 작동한다. 이를 위해 자본가 계급이 국가를 장악한다. 그래서 국가 구성원들은 자본가 계급의 이익을 위해 그들에게 유리한 정책을 펼칠 수밖에 없다. 이런 마르크스의 국가관이 너무 기계적이고 단순하다는 비판이 무성하고 실제로 자본주의 국가에서 자본가 계급의 이익을 침해하는 정책을 펼치는 경우도 나오자, 그 뒤의 마르크스주의자들은 새로운 개념을 만들어 냈는데, 그것은 국가의 '상대적 자율성'이라는 것이었다. 자본주의 국가는 궁극적으로 자본주의를 강화하기 위해 작동하지만, 언제나 자본가 계급의 손아귀에 있는 것은 아니고 상대적인, 다시 말해 어느 정도의 자율성을 가지고 자율적인 정책을 펼치기도 한다. 그러는 것이 오히려 장기적으로 볼 때 자본주의 구조와 자본가 계급의 이익에 이롭다는 것이다. 마르크스 자신도 나폴레옹 3세의 쿠데타와 황제 즉위를 보면서 이를 프랑스 국가가 자본가에게서 자율성을 획득한 경우라고 분석했다.

이에 비해 막스 베버는 자본주의 사회의 국가를 자기 자신의 목적을 지닌 자율적인 기구로 보았다. 그는 국가를 특정 계급의 손아귀에 있는 것이 아니라 오히려 계급 구조를 변화시킬 수 있는 무력과 조직력을 지닌 효율적이고 강력한 기구로 보았다. 그가 이룬 관료제 연구는 지금도 그 분야의 선구적인 업적으로 남아 있다. 이런 관점에 서면, 자본주의 사회에서 국가는 자본가의 지배를 받는 것이 아니라 오히려 자본가를 비롯한 각 계급들의 형성과 관계 변화에 커다란 영향을 준다.

이 두 견해 가운데 어느 것이 더 진실에 가까울까? 두 견해가 매우 다른 지적인 경향을 보일 뿐만 아니라 사실 국가의 다른 측면들을 말하고 있기 때문에, 어느 것이 더 맞다고 말하기는 어렵다. 각자의 사상이나 관심사에 따라 선택할 수밖에 없다. 한국의 경우를 보기로 드는 것이 어쩌면 가장 이해하기 쉬울지도 모르겠다. 조선 왕조의 국가는 매우 취약했다. 재정도 매우 부실했고 사회 발전의 계획을 짜고 집행할 행정력도 허약하기 짝이 없었고 국가 관료들의 발전에 관한 견해도 미숙했다. 관료들은 가렴주구에 능할 뿐 나라 발전의 물질적, 정신적 자원을 제대로 갖추지 못했다. 이런 상황이 궁극적으로 외침에 따른 왕조의 몰락을 가져왔다. 한국의 국가가 강력한 조직, 무력, 집행력을 갖게 된 것은 일제 강점을 통해서였다. 실제로 일본 식민통치가 한국의 국가와 사회에 본격적인 근대화를 처음 도입했다고 할 수 있다.* 외침과 강요된 근대화가 일본 관료, 경찰의 무단통치를 통해 이루어졌다. 해방 후 구성된 대한민국의 국가도 사실은 이런 일제의 유산을 그대로 이어받은 것이었다. 이런 점에서 해방은 되었지만 국가와 사회의 진정한 변화는 없었다.

이승만, 장면의 혼란스러운 시기를 지나 쿠데타로 집권한 박정희

---

*

독자들이 오해할 가능성이 있어서 밝힌다. 이 말은 이른바 '식민지 근대화론'과는 다르다. 식민지 근대화론은 식민지 시절에 한국의 근대화가 시작되었고 그것이 이후 대한민국 경제 발전의 기초가 되었다고 주장한다. 일본 학자와 한국 학자들이 손잡고 이런 주장을 펼친다. 이는 일본 식민 지배에 대한 긍정적인 가치관을 깔고 있다. 글쓴이의 견해는 다음과 같다. 일제 강점 시대에 조선의 근대화가 본격적으로 시작된 것은 사실이다. 그러나 그것은 조선인에 대한 수탈과 함께 왔다. 일제 강점기의 유산은 청산되어야 하는데, 이를 청산하지 못하고 오히려 이어받은 대한민국에 구조적인 문제가 있다.

정권은 일제의 통치 방식을 모방했다. 시월유신이 100년 전의 메이지 유신에서 명칭을 따온 것이 가장 상징적이다. 군부, 경찰, 관료의 무력과 정보력, 조직력, 기획력을 바탕으로 대한민국은 강력한 국가를 창출했다. 그 강력한 국가가 외자 도입을 통해 자본가 계급을 길러 내었다. 이 경우에는 마르크스의 견해보다 베버의 견해가 더 타당해 보인다. 현대 재벌을 이룬 정주영과 삼성 재벌을 일군 이병철이 아무리 뛰어난 경영자였다고 하더라도 박정희가 원조와 차관으로 외국에서 들여온 자본을 싼 이자로 나누어 주지 않았다면 그들은 결코 재벌을 이루지 못했을 것이다. 박정희는 자본가 계급을 만들었을 뿐만 아니라 노동자 계급도 만들었다. 산업화 과정에서 노동자가 대거 생겨나는 것은 당연한 일이었다. 그뿐만 아니라 국가는 경제 발전 계획을 세우고 그 방향을 제시하는 역할도 했다. 재벌들은 이를 따를 수밖에 없었다.

하지만 지금은 어떤가? 시간이 지날수록 재벌의 덩치와 영향력은 점점 더 커지고 이제 그것들을 만들었던 국가를 위협하기에 이르렀다. 이제 국가가 재벌을 좌지우지할 수 있는 시대는 지났다. 오랫동안 탄압의 대상이었던 노동자들의 입김도 매우 커졌다. 이제 정부 정책들이 대기업과 노동조합과의 조율을 거치지 않고는 실효를 발휘할 수 없게 되었다. 그만큼 계급 세력들의 힘이 커진 것이다.

그러면 과연 한국 국가는 자본가 계급의 지배 도구인가? 이에 대한 대답은 간단하지 않다. 하지만 전체적으로 볼 때 국가 정책에 가장 큰 영향을 미치는 것이 대기업의 이익이라는 점을 부인하기는 어렵다. 국가 관료들이 자본가와 똑같은 이해관계를 가지는 것은 아니나, 소득 수준과 교육 배경, 혼인 등을 통해 그들 사이에는 동질성이 점점 더 커지고 있다. 정부 구성원들의 성격에 따라 조금씩 다를 수는 있지만 장기적인 대세는 그 방향이다. 이런 점에서 보면 마르크스의 분석은 언제나 어느 정도는 유효하리라고 본다. 경우에 따라 그 유효성의 크기가 다를 것이다. 하지만 다른 각도에서 보면 국가는 국가 자신의, 다시 말해 국가를 구성하는 관료나 정치인들의 개인적 또는 집단적 이해관계도 가지고 있다. 또 이런 특정 세력의 이익을 벗어나 진정한 국가 관료로서의 국가 발전관도 가지고 있다. 따라서 한국의 국가를, 또는 자본주의 국가 일반을 특정 지배 계급의 도구라고 보는 것은 지나치리라 본다. 하지만 이는 국가가 중립적이라는 말과는 다르다. 국가는 자신의 이익을 가진다. 그리고 특정 계급의 이익과 상호 작용한다. 어느 계급의 영향을 더 받는지는 상황에 따라 다르지만, 가장 강력한 계급이 전체적으로 가장 큰 영향을 주는 것은 당연하다.

좋은 정부는 어떤 정부인가 | 어떤 정부가 좋은 정부일까? 싱가포르의 전 통치자 리콴유는 미국 정부 측에서 자신의 권위주의 통치를 비판하자 싱가포르 정부는 나라의 질서를 잡고 국민에게 경제 안정을 제공하는 '좋은 정부'라고 반박했다.

그러면서 그는 미국이야말로 도덕적 타락의 온상이라고 비판했다. 그는 서구의 퇴폐적 가치에 대항하는 아시아적 가치의 덕목을 강조하면서 자신의 정부가 이를 구현하고 있다고 주장했다. 그런 정치체제가 바로 아시아적 민주주의라는 것이다. 이런 리콴유 총리의 주장에 많은 학자가 동원되었고, 그들을 포함한 여러 학자가 아시아적 가치, 유교적 자본주의, 연성 권위주의론 같은 개념과 이론들을 내놓았다. 지금부터 20~30년 전 일이다.

이들의 주장에는 경청할 부분이 많다. 당시 미국 사회는 정말로 마약 복용과 살인이 증가하고 교육 수준이 낮아지며 빈부격차가 심화되는 등 퇴폐상을 보이고 있었고, 그 반면 싱가포르를 비롯하여 일본, 한국, 타이완 등 동아시아 국가들의 경제는 이전부터 급속도로 발전하고 있었다. 이를 배경으로 유교적 가치가 서구의 개인주의 가치보다 우월하다는 주장이 대두할 수 있었다. 동아시아에 경제 위기가 오고 신자유주의가 기승을 부리기 직전의 일이었다고 보면 된다. 유교가 표방하는 공동체적 가치와 질서, 근면의 가치들은 공동체의 결속과 경제성장을 위해 상당히 긍정적인 역할을 했다. 그것이 '좋은 정부'의 이념적, 도덕적 받침대 역할을 한 것으로 볼 수 있다.

그러나 싱가포르 체제는 한 정당이 정치와 사회를 지배하는 덜 민주적인 체제이다. 국민의 정치참여는 제한되었고, 일인 지배자가 장기 지배했으며, 정권 교체의 전망은 별로 없다. 사회 질서를 강조한 나머지 인권이 몹시 제한되고 있으며, 사소한 잘못에 대한 처벌이 매우 엄격하다. 거리에 침을 뱉으면 벌금을 몇십만 원이나 물어야 하고, 공중화장실 변기 물을 안 내려도 벌금을 내야 한다. 정부와 시민의 관계는 매우 가부장적이고, 다양한 가치관과 정서를 개발하기는 어려운 환경이다. 싱가포르뿐만 아니라 아시아의 유교 자본주의 나라들은 상당히 권위주의적이고 민주주의가 덜 발달한 나라들이다. 물론 시간이 지나면서 한국, 타이완 등의 민주주의는 발전하고 있지만, 오랫동안 계속된 권위주의 통치의 상처를 안고 있다. 한국의 유신정권도 한국적 민주주의와 유교적 가치를 부르짖고 이를 독재의 명분으로 사용했다. 독재 정권들은 경제성장과 안보를 이른바 좋은 정부의 핵심으로 알고 그렇게 국민을 설득하려고 했다.

그러면 정말 좋은 정부는 어떤 정부일까? 예전부터 지금까지, 그리고 동양과 서양을 말할 것 없이, 공통적으로 가장 쉽게 대답할 수 있는 것은 국민을 또는 백성을 잘 먹고 편히 살게 해주는 정부일 것이다. 잘 먹인다는 것은 우선 경제 발전과 안정을 말한다. 기본적인 경제 안정은 좋은 정부의 최소한의 조건이다. 그러면 편히 살게 한다는 것은 무엇일까? 그것은 국민을 괴롭히지 않고 그들이 근심 걱정 없이 살 수 있는 조건을 만들어 주는 것이다. 여기에는 정치, 문화, 사회적인 여러 정책이 포함된다. 경제만 말하더라도 물질적인 풍요를 이루는 정부가 좋은 정부이지만, 그 풍요가 사회 구성원들에게, 똑같이는 물론 아니더라도 골고루 돌아갈 수 있게 해주어야 한다. 쉬운 일이 아니다. 물질적 풍요만 문제가 되는 것은 아니다. 흔히 독재자나 그 후예들이 주장하듯이 배불리 먹여 주는 것만이 능사가 아니다. 민주화와 인권 신장을 위한 투쟁에 목숨을 바치는 사람이 많은 것은 그들이 굶주려서가 아니다. 밥만이 사람이 사는 조건이 아니기 때문이다. 그래서 인권과 자유와 민주주의가 중요하다. 굶주림이 해결된 사람들은 누구나할 말을 하고 사람처럼 대접받고 사는 것을 원한다. 그것을 정부가 억압할 때 저항이 생길 수밖에 없다. 좋은 정부는 따라서 국민의 권리와자유와 민주적 참여를 보장하는 정부이다. 그리고 궁극적으로 좋은정부는 이 책에서 정의한 정치의 목적을 이루는 정부, 다시 말해 사회정의 실현을 통해 전체 구성원을 행복하게 만들어 주는 정부이다.

이를 위해 정부는 국민들의 요구와 필요에 잘 반응해야 한다. 이것을 정부의 '반응성'이라 할 수 있겠다. 잘 반응하기 위해서는 전체 국민과 국민 부분들의 여러 이익을 잘 대표해야 한다. 의회나 정부 기관들이 여러 이익을 잘 대표해야 한다는 말이다. 이를 우리는 정부의'대표성'이라고 이름 지을 수 있다. 그런데 그것만으로는 부족하다. 국민 요구에 반응을 잘 하고 국민을 잘 대표한다고 해도 필요한 정책들을 실제로 잘 수행하지 못하면 소용이 없다. 그래서 정부는 유능해야하고 효율적이어야 한다. 이를 정부의 '효율성'이라고 하자. 이 밖에도정부 구성원들은 최소한의 도덕적 잣대를 충족시켜야 하고, 국민에대한 봉사 정신이 구비되어야 한다. 이런 조건들을 갖추어야 비로소좋은 정부의 요건을 충족시킬 수 있다. 그런데 위에서 '국민'이라는 말을 많이 썼지만, 그 국민은 하나의 단일체가 아니라는 사실을 염두에

두어야 한다. 국민은 여러 부분으로 나눌 수 있고, 실제로 그 여러 부분이 서로 다른 이익을 추구하고 때로는 반목하고 갈등한다. 가장 보편적인 갈등이 계급 갈등이다. 우리 사회에서도 기업과 노동자 사이의 임금 협상과 결렬 등의 보도가 끊이지 않는다. 이런 갈등은 일상적이고 그 자체가 위험한 것은 아니지만, 다른 여러 나라에서 볼 수 있는 인종 갈등이나 민족 분쟁들은 체제 자체까지 위협하는 매우 해결하기 어려운 문제를 제기한다. 한국에서도 수도권과 지방의 이익 충돌, 건설업자와 일반 주민의 이해 상충, 보수 엘리트와 서민 대중의 이익 차이 등의 문제들이 거의 언제나 존재할 것이다. 그러면 이런 다양한 이익을 지닌 구성원들 가운데 어떤 이익을 '대표'하고 거기에 '반응'할 것인가? 또 어떻게 하면 정부가 가장 '효율적'으로 문제를 해결할 수 있을까? 좋은 정부의 실질적 요건은 바로 이 과제들을 해결하는 것이다. 그리고 앞 장들에서 보았듯이 이것이 사실 정치의 핵심이다. 이를 정의롭게 해결하는 것이 사회정의의 실현이고, 그것이 정치의 본질이며, 이 과제를 잘 수행하는 정부가 좋은 정부라고 할 수 있을 것이다.

국가 형태와 권력구조 │ 현대 국가의 형태는 대개 단방제 국가와 연방제 국가로 나눌 수 있다. 단방제 국가는 정부가 하나로 단일한 중앙 권력을 행사하는 반면, 연방제 국가는 중앙의 연방 정부와 지방 정부로 구성된다. 단방제 국가는 사회 구성요소가 단순하여 복수의 독립된 권력 중추가 필요 없는 곳에서 나타나고, 연방제 국가는 거꾸로 사회 구성요소가 복잡하여 중앙의 단일한 권력 중추가 자리 잡기 어려우며 지역별로 독자적인 정책을 펼칠 필요가 있을 때 성립한다.

한국은 말할 필요도 없이 단방제 국가이다. 한국은 하나의 민족으로 구성되어 사회 구성요소가 단순하다. 게다가 전통적으로 중앙 집권제가 확립되어 권력의 중앙 집중이 고착된 나라이다. 오히려 중앙 권력 집중이 너무 심해 지방 균형 발전이 제대로 되지 않는 것이 문제로 대두되고 있다. 중앙 권력 집중은 민주주의 발전에도 이롭지 않아, 한국에서 오래 계속된 권위주의 통치도 이런 사회적, 정치적 중앙 집중에 힘입은 바 크다고 할 수 있다. 따라서 지역 분산과 분권의 필요성이 계속 제기되어 1995년부터 지방자치제를 실시하고 있으나, 중앙 집중 현상은 줄어들지 않고 있다. 2003년 노무현 정부가 들어서서 지방 균형 발전을 의욕적으로 추진했으나, 수도권 세력의 반발이 심해 제대로 이루어지지 못했다. 행정수도 건설이 야당과 헌법재판소의 반대로 무산되어 행정'도시' 건설로 축소되었으며, 지방 재정이 열악하여 중앙 정부의 지원에 의존하지 않을 수 없기 때문에 지방 정치의 독립은 어려운 실정이다. 이런 현상은 근본적으로 한국이 하나의 중추가 지배하는 중앙집권의 단일 사회라는 점에 그 원인이 있다. 일단 권력과 부의 중추가 형성된 이상 그 중추가 확대 재생산하면서 다른 지역의 자원을 흡수하는 악순환이 되풀이되고 있다.

연방제 국가의 대표적인 경우가 미국이다. 그 밖에도 독일, 스위스 등 연방제를 채택하고 있는 나라는 많다. 모두 여러 지역의 종족, 종교, 언어, 문화가 다양하여 하나의 권력과 하나의 중추로 집중화, 단일화되기 어려운 경우이다. 이 경우 연방 정부는 국방과 외교의 책임과 권한을 가지며, 국내 정치의 여러 분야는 연방 정부와 주(지방) 정부가 나누어 가진다. 따라서 세금제도나 교통법규 등 실생활과 관련되는 여러 제도가 지방에 따라 상당히 다른 모습을 보인다. 이 경우들은 한국처럼 수도권 집중에서 파생되는 문제들은 생기지 않으나, 연방 정부와 지방 정부 사이의 관계 설정에서 문제가 생길 수 있다.

한국의 경우 연방제가 거론되는 경우는 남북한 통일 정책에서이다. 한국은 국가연합안에 가까운 통일안을 제시하고 있다. 그 반면 북한은 연방제 통일안을 제시해 놓은 상태다. 국가연합은 연방제보다 더 느슨한 형태의 국가라고 할 수 있다. 그것은 사실 하나의 국가라기보다는 말 그대로 국가들의 '연합'이라고 해야 더 정확할 것이다. 남한과 북한이 각각 자신의 체제로 국가를 유지하면서 외교와 국방에서 단일한 체제를 가지자는 안이다. 따라서 이는 북한이 제시한 1국가 2체제 안보다 더 느슨한 통일안이라고 할 수 있다. 그런데 북한은 2000년대 들어 연방제보다 더 느슨한 형태의 통일안을 받아들일 수 있다고 천명했다. 그리하여 2000년 6월 15일 당시 김대중 대통령과 김정일 북한 국방위원장 사이에 체결된 '6·15 남북공동선언'은 남한의 한민족공동체 통일안과 북한의 '느슨한' 연방제 통일안 사이에 공통점이 있다고 규정했다. 이 선언은 한국의 보수 세력으로 하여금 북한의 연방제를 받아들였다고 정부를 비난하게 만들었다. 어쨌든 남한과 북한의 정부 통일안들은 국가연합과 연방제 사이의 어떤 형태로 수렴되어 가고 있다고 할 수 있다. 하지만 지금 어느 쪽도 명확히 통일을 구상한 정책을 공개적으로 추진하지 않는다. 김대중-노무현의 이른바 진보 정부들은 화해 협력 정책을 추진했는데, 이를 통한 북한 개방과 체제 변화를 통한 일종의 흡수 통일을 바랐거나 아니면 통일 자체는 현안으로 생각하지 않았던 것 같다. 이후 등장한 이명박-박근혜 정부들은 화해 협력 정책을 부정하고 대북 강경 정책으로 일관하여 남북관계가 얼어붙게 만들었다. 물론 여기에는 핵 무장으로 치닫는 북한의 책임도 크다.

한국은 국가 형태로는 단방제를, 그리고 정부 형태로는 대통령중심제를 주로 택하고 있다. 여기서 '주로'라고 말한 것은 의원내각제(앞으로는 '내각제'로 통일)의 요소들도 가미하고 있기 때문이다. 대통령중심제는 대통령을 중심으로 한 행정부가 주로 권력을 장악하고 대통령에게 많은 권한을 부여하는 제도이다. 대통령은 내각을 구성하고 사법부 수장을 국회의 동의를 거쳐 임명한다. 국회 결정에 대해 거부권도 가진다. 이렇게 보면 사실 한국 대통령의 권한은 막강하다고 할 수 있다. 하지만 내각제의 요소도 가미된 것이, 한국의 대통령은 국회의 동의를 얻어야만 국무총리와 내각의 장관을 임명할 수 있기 때문이다. 또 국회는 국정감사권과 국정조사권을 통해 정부를 견제한다.

건국 당시 대한민국의 대통령은 미국처럼 4년 임기에 한 번 중임할 수 있게 되어 있었다. 그러나 이승만과 박정희는 각각 삼선개헌을 통해 헌법을 유린하고 장기 집권의 길을 열었다. 전두환은 박정희 장기 집권의 폐해를 종식하느라고 7년 단임으로 대통령 임기를 제한했다. 그의 유일한 정치적 업적이 장기 집권을 막고 대통령 단임제를 채택한 것이라고 할 수 있다. 이후 민주화가 되면서 제정된 새 헌법은 같은 목적을 위해 단임제를 고수하되 대통령 임기 7년을 5년으로 단축시켰다. 이로써 대통령의 장기 집권 가능성이 차단되었을 뿐만 아니라, 그 권한이나 영향력 자체도 상당히 줄어들었다고 할 수 있다. 이런 헌법 체제가 1987년 이후 지금까지 30년 동안 계속되고 있는데, 요즘 이 체제의 비효율성이 문제로 제기되고 있다.

  우선 대통령 5년 임기는 대통령이 일을 제대로 하기에는 너무 짧다는 문제가 있으며, 또 대통령 선거가 국회의원 선거와 해를 달리하여 선거를 너무 자주 하는 낭비가 생긴다. 그래서 헌법 개정을 해야 한다는 주장이 힘을 얻고 있다. 그런데 이런 권력구조 개편은 원칙론만으로 되는 것은 아니어서 각 정파들의 치열한 이익 계산이 따르게 마련이다. 그래서 헌법 개정 자체가 또 다른 당파싸움의 원인이 되어 그 과정이 원활할 수가 없다. 어쨌든 지금 한국에서는 국가권력이 대통령에게 너무 집중되는 '제왕적' 대통령의 문제점을 제기하는 사람이 많은데, 이는 꼭 한국만의 문제가 아니고 미국에서도 이런 문제가 자주 거론된다. 그만큼 민주주의 체제라고 하더라도 개인에 의한 권력 집중

문제는 생기기 쉽다. 특히 내각제보다 대통령중심제에서 이런 문제가 나타나기 쉬운 것은 쉽게 이해할 수 있다. 그래서 한국에서는 내각제로 권력구조를 개편하자는 주장이 심심찮게 등장했다. 내각제는 대통령중심제와는 달리 개별 행정부의 수명이 길지 않고 자주 바뀌기 때문에 권력 집중의 문제가 덜 생긴다. 의회 총선을 통해 다수당을 차지하는 당이 내각을 구성하고 그 임기가 대개 대통령의 임기보다 짧기 때문에, 정권 교체의 주기도 더 짧을 가능성이 높다. 내각제를 택한 많은 나라에서는 내각이 너무 자주 바뀌어 정국이 불안한 경우도 자주 볼 수 있다. 얼마 전까지 이탈리아가 이런 모습을 보여 주었다.

그러나 내각제라고 해서 총리의 권한이 대통령중심제하의 대통령보다 작고 그 수명도 짧으리라는 보장은 없다. 영국의 마거릿 대처 총리는 11년 동안 영국을 호령했으며, 스웨덴의 스웨덴사회민주당은 수십 년간 계속 집권한 기록을 보였다. 무엇보다 내각제는 정당이 확립되어 있는 나라에서 제대로 정착될 수 있는 제도이다. 한국처럼 정당이 인물에 따라 수시로 요동치는 곳에서는 내각제가 제대로 정착하기 어렵다. 더구나 한국에서 내각제를 주장했던 세력이 김종필을 중심으로 한 세력이었던 것을 보면, 이 역시 좁은 당파 이익에서 나온 주장이라는 것을 쉽게 알 수 있다. 김종필은 세력이 약해 대통령에 당선될 수 없었고, 따라서 내각제하에서 의회의 일정 의석을 차지한 뒤 연립내각의 일원이 되고자 했던 것으로 보인다. 경우에 따라 더 큰 당에서 뚜렷한 인물이 없을 때 연립내각의 수장인 총리도 될 수 있으리라 계산했을 것이다.

내각제와 대통령중심제를 비교할 때 어느 것이 더 민주주의의 이상을 잘 구현할 수 있을까? 장단점이 다 있겠지만, 전체로 볼 때 내각제가 대통령중심제보다 민주주의의 이상에 더 가까운 것은 틀림없다. 내각제의 경우 권력 집중의 가능성이 대통령중심제보다 낮고 국민의 심판을 더 자주, 그리고 더 직접 받을 수 있기 때문이다. 이런 까닭 때문에 선진 민주 국가들은 대체로 내각제를 채택하고 있다. 하지만 이는 정당제도가 확립된 곳에서 제대로 작동할 수 있는 제도이다. 한국도 이 제도를 이상으로 삼는 것이 좋겠지만, 당분간은 한국에서 실현하기 어려운 제도로 보인다.

국가와 시민사회 | 민주 사회일수록 국가가 국민 위에 군림하는 경향은 엷어진다. 그리고 시민사회의 힘이 강해진다. 개인과 사회는 국가에 대한 저항권을 가지게 되고, 국가 정책은 관련 집단들과의 협의를 통해 이루어지게 된다. 과거 절대주의 시절이나 현대 독재국가에서처럼 국가가 전횡을 휘두르는 것은 어렵다. 이런 상황은 국가의 일방적인 정책 결정과 집행을 어렵게 한다. 최근 학계에서는 이런 현실을 '협치'(거버넌스)라는 용어로 정리하고 있다. 이는 국가가 주도하는 인상을 주는 '정치'와는 달리 국가−시민사회 사이의 협력과 협약에 따른 정책 결정과 집행을 의미한다. 협치는 정부

와 민간의 이해 당사자들이 특정한 정책에 대해 서로 상의, 협상함으로써 정책을 끌어내는 것이기 때문에 상당히 민주화된 정책 결정 방식이라고 할 수 있다. 각 영역별로 협치의 규범과 규칙을 확립하는 것이 언제나 쉬운 일은 아니다. 예를 들어, 환경 문제에 대해 정부와 환경 단체, 그리고 개발업자들이 서로 상의하여 적절한 환경과 개발의 조화 방안을 찾아내는 것은 상당한 노력과 인내가 필요하다.

　시민사회는 정부의 직접적인 영향 아래 있지 않은 민간 집단들로 구성된 인간 활동 영역을 말한다. 시민사회는 따라서 가정, 종교 단체, 동호회, 향우회, 동창회, 학회 등 다양한 인적 연결망으로 구성된다. 시민사회의 범주에 기업을 포함하는 경우도 있지만, 이윤을 추구하는 집단은 제외하는 것이 보통이다. 시민사회가 발달할수록 민주주의 발전에 유리하다는 것은 하나의 정설로 되어 있다. 왜냐하면 시민사회 안의 다양한 연결망이 사회와 정치체제에 대한 개인의 신뢰감을 높여 주고 사회 정치적 참여를 부추기며 정부에 대한 공익 추구 압력을 효과적으로 만들기 때문이다. 이런 점은 200년 전에 이미 알렉시스 드 토크빌이 미국 사회를 연구하면서 미국의 시민사회 발전이 민주주의의 비옥한 토양이라고 갈파한 것과, 200년 뒤인 1990년대에 로버트 퍼트넘이 이탈리아 사회를 연구하면서 이차 집단이 활발했던 곳에서 민주주의가 더 잘되고 있다는 발견을 한 데서 잘 나타난다. 한국에서는 시민사회의 발달이 조선시대나 일제 강점기뿐만 아니라 1980년대까지도 활발하지 않았다. 국가의 억압이 그 일차적인 까닭이라고 할 수 있지만, 사회적 구성요소가 다양하지 않은 단일 사회의 조건 때문에 다양한 집단이 생길 여지가 없었기 때문이기도 했다. 한국에서는 경제성장과 민주화 투쟁을 통해 시민사회가 발달하기 시작하여, 지금은 그 황금기를 누리고 있다고 할 수 있다.

그런데 앞서 말한 것처럼 시민사회도 여러 분파로 구성되어 있기 때문에 그들과 국가 사이의 관계가 단순하지 않고 복잡하게 얽힐 수밖에 없다. 시민사회의 이익은 다양한 이익집단들이 대변한다. 자본가 단체, 노동자 단체, 여성 단체, 환경 단체, 문화 단체 등등 다양한 단체가 국가 정책의 결정 및 집행에서 다양한 몫을 차지한다. 이런 단체들 가운데에는 자기 집단의 특수한 이익을 추구하는 것도 있고, 사회 전체의 공익을 위해 활동하는 단체도 있다. 한국의 경우 전국경제인연합회(전경련)나 전국민주노동조합총연맹(민주노총) 같은 것이 전자의 대표적인 경우이고, 환경운동연합이나 경제정의실천시민연합 같은 것이 후자의 대표적인 경우라고 할 수 있다. 자신의 특수 이익을 추구하지 않고 공익을 추구하는 단체를 보통 시민단체 또는 시민사회단체라고 부르는데, 이는 또 흔히 비정부기구(NGO)라는 용어로 불리기도 한다. 비정부기구는 공익적 사회단체뿐만 아니라 특수 이익을 추구하는 이익단체에도 적용되기 때문에 시민단체보다 좀 더 넓은 개념이라고 볼 수도 있지만, 실제 사용할 때에는 공익 추구 단체에 더 자주 적용하는 경향이 있다.

그런데 공익 추구의 시민단체라고 하더라도 사실상 무엇이 정말로 공익이냐에 대해서는 의견이 갈릴 수 있으므로, 모든 시민단체를 똑같이 정의로운 단체라고 하기는 어려울 것이다. 예를 들어, 한자교육진흥회와 한글문화연대는 서로 충돌하는 목표를 추구하지만, 그들 자신은 모두 공익을 추구한다고 믿는다. 또 환경 보전을 주장하는 단체와 특정 지역의 개발을 주장하는 단체 역시 서로가 국가 이익을 위해 옳은 일을 한다고 믿는다. 이들 중 어느 단체의 주장이 옳은지는 각자의 가치관이나 현실 인식에 따라 판단할 수밖에 없다.

정부와 시민단체의 관계도 간단하지만은 않다. 민주 사회에서는 시민단체가 정부에 압력을 가하고 정부는 그 영향 아래에서 정책을 결정한다고 할 수 있지만, 다른 면에서는 정부가 시민단체를 회유하거나 포섭하는 경우도 많다고 할 수 있다. 정부가 시민단체를 포섭하는 길은, 인맥을 통하기도 하겠지만 주로 재정 지원을 통해서이다. 한국에서는 행정안전부나 관련 행정 부서들이 시민단체에 상당한 재정 지원을 하고 있는데, 이는 시민단체의 정치적 독립과 정부 감시 기능을 저해할 수 있다. 실제로 이런 문제점이 많이 제기된 바 있고, 이에 따라 시민단체들이 곤혹스러운 처지에 처한 적도 많이 있었다. 또 시민단체가 특정 정치 세력을 위해 활동한다는 비판도 나올 수 있다. 2000년 총선을 앞두고 낙천·낙선 운동을 활발히 전개하여 상당한 성과를 거두었던 총선시민연대의 경우가 대표적이다. 그 활동은 부도덕한 정치인을 솎아 낸다는 명분을 지니고 있었지만, 결과적으로 특정 정파(김대중의 민주당)를 도와주었기 때문에 정치권과의 유착 의혹을

씻을 수 없었다. 이렇게 보면, 시민사회와 국가 또는 정치권의 구분이 언제나 명확한 것은 아니며 그 관계가 언제나 투명한 것도 아니라고 할 수 있다.

정당과 이익단체 | 현대의 대의 민주주의에서 정치참여는 주로 정당을 통해 이루어진다. 어느 조직이든 조직의 개별 구성원들이 각자 참여하여 목소리를 내기는 어려우므로 그 안에서 단체를 구성하게 되는데, 국가 차원의 정치에서도 상황은 마찬가지이다. 정치적인 뜻이 맞는 사람들이 모여 정치참여를 효과적으로 하기 위해 만든 단체가 바로 정당이다. 따라서 정당의 첫째 목적은 정치과정에 적극적으로 참여하여 정당 구성원들의 뜻을 관철하는 것이다. 그리고 그 최고 목적은 이를 위해 정치권력을 장악하는 것이다. 정당의 주요 역할은 이념과 정책을 개발하고 정치인을 기르며 정치과정에 직접 참여하는 것이다.

한 나라에 정당이 여러 개 있는 곳도 있고 큰 정당이 두 개 있는 곳도 있다. 앞의 경우를 다당제라고 하고 뒤의 것을 양당제라고 하는데, 사실 양당제로 이루어진 나라는 미국과 영국을 제외하고는 별로 찾아볼 수 없다. 양당제라고 하여 반드시 두 개의 정당만 존재하는 것은 아니고 다른 정당들이 존재할 수도 있지만, 주요한 두 개의 정당이 권력을 나누어 가진다는 의미에서 양당제라고 부른다. 영국에는 보수당과 노동당이 주요 정당이기 때문에 양당제 국가로 간주하지만, 자유당이라는 오래된 정당 역시 존재한다.

다당제와 양당제는 각각 장단점을 가지고 있다. 다당제의 장점은 무엇보다 여러 정당이 다양한 정치이념과 정책을 내세우고 경쟁하기 때문에 국민에게 다양한 선택의 여지를 준다는 점에 있다. 하지만 바로 그 까닭 때문에 많은 정파가 경쟁하여 혼란과 정치 불안이 일어날 수도 있다. 내각제 국가의 경우 어느 한 당도 의회에서 다수를 차지하지 못해 여러 당이 연립해야 하는 경우가 흔히 발생한다. 과거 이탈리아 같은 나라들이 이런 혼란을 겪었다. 자유민주당이 우세한 일본에서도 1990년대에 정치 개혁을 기치로 내선 신생 정당들이 대두하여 일종의 혼란기를 겪은 바 있다. 그런데 이런 정치적 '혼란'을 거꾸로 보면 정치 협상과 연합의 과정으로 볼 수 있다. 이 과정에서 정치인들은 타협과 상대방에 대한 존중이라는 정치적 덕목을 훈련하여 정치의 질을 한 단계 올릴 수도 있다. 양당제의 장점은 두 당만이 경쟁하기 때문에 정치적 불확실성이 적고 정치 혼란의 가능성도 다당제의 경우보다 적다는 점이다. 하지만 거꾸로 다양한 선택의 여지가 없기 때문에 민주주의의 폭이 좁아질 가능성이 있는 것이 양당제의 단점이다.

민주 정치가 발전하기 위해서는 정치를 앞장서서 담당하는 정당이 발전해야 한다. 그리고 정당제도가 확립되어야 한다. 다당제든 양당제든 이를 '제', 곧 제도라고 부르는 것은 그것이 상당히 확립되어 있음을 뜻한다. 다시 말해 제도화되어 있음을 전제로 한다. 그런데 정당이 제도화되지 못하고 쉽게 생겼다가 쉽게 없어지는 것을 반복하는 경우가 많다. 이런 경우는 정당이 정당 자체의 규범과 힘을 지니지 못하고 특정 개인이나 정파, 또는 다른 조직의 지배를 받는 경우이다.

한국의 경우가 가장 쉬운 보기가 될 것이다. 한국의 정당들은 얼마 전까지만 해도 개인 지배자들에게 좌우되었다. 초기 대통령이었던 이승만은 처음에는 정당의 필요성 자체를 아예 부인하고 개인 지배 권력을 행사하다가 나중에야 자유당을 만들었다. 그 자유당도 이승만 개인의 지배를 위한 도구에 불과했다. 박정희가 군부 쿠데타를 일으킨 뒤에도 한국 정치는 박정희의 개인 지배체제로 굳어졌고, 정당은 이를 위한 도구 역할밖에 하지 못했다. 당시 정당의 역할은 정치 자금을 모으고 선거를 치르며 군부 통치의 민주적 겉치장을 하는 데 그쳤다. 독재 정권이 사라진 뒤에도 한국의 정당들은 개인 지도자들이 필요에 따라 만들고 없애고 했다. 이에 따라 생겼다 사라진 정당들이 너무 많아 정치학자인 글쓴이로서도 매우 혼란스럽다. 이런 모습은 물론 한국에만 국한된 것은 아니고 많은 나라에서 나타나는 현상이다. 그만큼 정당의 제도화가 쉽지 않다는 증거이다. 직접 권력을 행사하기에 유리한 위치에 있는 군부나 개인 지배자들의 전횡이 정당을 민주 정치의 주요 담당자이기보다는 권력의 시녀로 전락하도록 만드는 것이다.

그런데 정당제도가 확립되었다고 해서 다 민주주의인 것은 아니다. 오히려 민주주의에 가장 반대되는 경우일 수 있다. 그것은 바로 일당 독재의 경우이다. 일당 독재의 대표적인 경우는 공산주의 체제와 파시즘 체제이다. 전자는 과거 소련과 지금의 북한, 중국이 대표적이고, 후자의 경우는 과거 독일 나치스 체제와 타이완 국민당 체제, 그리고 이라크 바트당 지배 체제 등을 들 수 있다. 이 경우는 대체로 매우 양극화된 사회에서 특정 정치 세력이 사회 전체에 대한 절대 권력을 장악하기 위해 정당을 발전시킨 경우이다. 이 경우 정당들은 뚜렷한 이념과 조직, 그리고 선전 수단과 탄압 수단을 갖추고 온 국민과 온 사회를 통제한다. 이런 체제는 정보 통신이 발달하고 자유주의가 힘을 발휘하는 요즘은 상당히 많이 없어졌지만 지금도 몇몇 경우가 남아 있다. 북한, 중국, 쿠바 등이다.

일본은 일당 독재는 아니지만 자유민주당이라는 하나의 당이 제2차 세계대전 이후 대부분의 기간에 집권하고 있다. 일본 정치는 민주주의 정치로 간주되기는 하지만 정권 교체가 없고 정책 노선 대결이 희미하다는 점에서 진정한 민주주의라고 하기도 힘들다. 이런 경우의 정당 체제를 흔히 일당 우위 정당 체제라고 부른다. 멕시코의 제도혁명당은 오랫동안 일본 자유민주당과 마찬가지로 장기 집권했는데, 이 경우는 민주주의가 아니라 권위주의 체제였다는 점에서 일본과 또 다른 경우이다. 이런 형태의 일당 우위 체제는 학계에서 흔히 패권(헤게모니) 정당 체제로 분류한다.

정당을 크게 보아 국가 기구의 일부라고 할 수 있다면, 시민사회에서 정치에 적극 참여하는 집단으로 이익단체를 들 수 있다. 이익단체는 자신의 특수 이익을 실현하기 위해 정부 기관에 압력을 행사하기 때문에 압력단체라고 부르는 경우도 흔하다. 이익단체는 위에서 보았듯이 공익을 추구하는 '시민단체'와는 성격이 다르다. 어느 나라에서든지 대표적인 이익단체로는 자본가 단체와 노동자 단체를 들 수 있다. 한국에서는 한국노동조합총연맹(한국노총), 민주노총과 전경련이 이에 해당한다. 그 밖에도 크고 작은 수많은 이익단체가 크고 작은 정치적 영향력을 행사한다.

그런데 이익단체와 정부의 관계에 대해 서로 다른 견해가 존재한다. 한쪽에서는 이익단체들의 결성과 활동을 최대한 보장하고 정부는 이에 대한 규칙만 제정하면 된다고 주장한다. 이른바 다원주의이다. 그렇게 함으로써 여러 다양한 사회 이익이 서로 경쟁하고 그런 과정에서 이익 배분이 자연스럽게 일어난다는 주장이다. 1960년대 초에 로버트 달 같은 다원주의자가 주장했는데, 이는 근본적으로 앞에서 본 자유주의의 전통에 입각해 있다. 하지만 그렇게 하면 돈과 인맥이 많은 단체가 그렇지 않은 단체보다 이익을 추구하는 데 유리할 수밖에 없다는 문제가 생긴다. 더구나 이익단체를 만들 자원조차 없거나 부족한 사회적 약자들, 곧 실업자, 노인, 장애인 등등의 이익은 대변될 기회를 잃게 된다. 그래서 사회적 불평등이 더 심해질 수 있다. 그리하여 정부의 더 적극적인 이익 배분 역할을 강조하는 주장들이 나타나게 된다. 로버트 달 자신도 나중에는 이런 문제를 시인하고 정부의 적극적인 역할을 인정했다. 즉, 기본적으로는 자유 경쟁에 맡기되

사회적 약자를 위해 정부가 일정한 역할을 해야 함을 인정한 것이다. 이를 우리는 '신'다원주의라고 한다.

그런데 정부가 이익단체들의 활동을 규제하는 역할만 하지는 않는 다는 사실은 매우 당연하다. 정부 자신의 이익을 가질 수도 있고, 사 회 발전에 대한 특정한 시각을 가질 수도 있다. 그래서 정부와 이익 단체들이, 또 때로는 시민단체들이 타협하고 협상해야 할 경우가 많 이 생긴다. 이렇게 정부 기관과 주요 이익단체들이 머리를 맞대고 협 의하여 정책을 결정하는 제도를 학계에서는 조합주의(코퍼러티즘)라 고 한다.* 한국의 경우 대표적인 보기가 김대중 정부 때 만든 노사정 위원회이다. 이는 말 그대로 노동자, 사용자,** 정부 기관들이 한자리 에 모여 노동 조건 등을 협상하는 기구인데, 문제는 이 기구가 제대 로 작동하지 못했다는 점이다. 정당의 경우도 마찬가지이지만, 정치 제도가 확립되기 위해서는 많은 시련과 시간이 필요하다는 좋은 증거 이다.

---

*

조합주의라는 번역어는 사실 부적합하다. 오히려 협의주의가 더 적당한 표현이다. 하지 만 이미 통용되고 있으므로 여기서도 그렇게 쓴다. 그래서 그냥 코퍼러티즘이라고 하는 경우도 흔하다.

**

사용자라는 말은 매우 부적합하다. 사람을 사용한다는 것이 말이 안 된다. 하지만 용 어를 그렇게 쓰고 있으니 여기서도 어쩔 수 없다.

06 정 치 인 과 민 주 시 민

이 장에서 우리는 정치의 직접 담당자인 정치인의 성격과 그들과 일반 시민을 가로지르는 정치문화의 여러 모습에 대해 알아보려고 한다. 정치는 사람이 하는 것이기 때문에 그 '사람'의 성격과 태도, 행동 양식, 더 크게는 문화, 곧 정치문화에 따라 그 모습이 많이 달라질 수 있다. 민주 사회에서는 정치체의 구성원들이 민주적인 정치문화를 몸에 익히는 것이 매우 중요하다. 그러면 정치인은 어떤 사람들이며 민주적인 정치문화란 어떤 것일까? 정치인들이 정치의 원래 목적인 사회정의를 잘 실현하기 위해서는 어떤 덕목과 자질을 가져야 하는 것일까? 정치인과 시민 사이에 어떤 관계가 이루어지는 것이 바람직한 민주 정치의 초석을 다지는 데 유리할까? 이런 문제들에 대해 생각해 보는 것이 이 장의 목적이다.

정치인의 유형 | 정치권에서 정치를 직접 담당하는 사람을 우리는 정치인이라고 부른다. 그리고 정치가라는 말도 흔히 사용한다. 정치가는 정치인보다 좀 더 크고 높은 듯한 느낌을 준

다. 또 우리는 정치 지도자라는 말을 쓰기도 하고, 이를 줄여서 그냥 지도자라고 하기도 한다. 지도자라는 말이 품고 있는 '국민을 지도한다'는 뜻은 민주 사회에 좀 어울리지 않는 것 같지만, 용법이 그렇게 굳어졌기 때문에 사용하는 데 무리가 없으리라 생각된다. 어쨌든 지도자는 그냥 정치인이나 정치가와는 달리 더 높은 수준에서 정치와 정치계 전반을 이끌어 가는 사람이라고 할 수 있다. 다른 모든 분야에서와 마찬가지로, 정치의 직접 담당자에게도 이런 식으로 다양한 층위와 수준이 있다고 할 수 있다.

한편 정치인의 유형 역시 여러 가지로 나눌 수 있다. 이를테면, 헤르만 셰어라는 독일의 정치인 겸 정치 평론가는 정치인의 유형을 권력 추구자, 정열가, 사회 활동가, 나르시시스트, 이익 대표자로 나눈 바 있다.* 이 책에서는 정치인의 유형을 권력 추구자, 운동가, 전문가, 이익 대표자의 네 가지로 크게 나누어 보려고 한다. 위 셰어의 분류와 비슷하기도 하지만 조금 다른 점도 있다. 그러면 이런 네 가지 유형의 정치인이 각각 어떤 성격을 지니는지 간단히 살펴보기로 하자.

첫째, 권력 추구자는 그야말로 권력 추구욕이 강해 그것을 이루기 위해 정치를 하는 사람이다. 우리는 이 책의 첫머리에서 권력 추구는 사람의 기본 욕구이고 권력은 정치의 핵심이며 권력욕이 강한 사람

*
헤르만 셰어 지음, 윤진희 옮김, 『정치인을 위한 변명』(서울: 개마고원, 2005).

이 정치 행위에 적극적이라는 점을 밝힌 바 있다. 정말로 우리 가운데에는 권력욕이 남달리 강한 사람이 있다. 이런 사람은 자신의 욕구를 충족하기 위해 정계에 뛰어들 가능성이 매우 높다. 거꾸로 권력욕이 없는 사람은 아무리 정의관이 투철하거나 국가 경영의 지혜를 가지고 있더라도 정치에 직접 뛰어들지 않는다. 그런 사람은 권력 쟁탈에 얽힌 정치의 '더러운' 과정을 배겨 내지 못하기 때문이다.

그 반면 권력욕이 강한 사람은 정치 행위에 반드시 수반되는 비윤리적이고 비합리적인 인간관계나 때때로 경험하게 되는 배신이나 인간적 모멸도 권력 쟁취의 열망을 통해 이겨 낼 수 있다. 권력 쟁취나 권력 행사가 가져오는 만족감은 이런 스트레스를 날려 버리기에 충분하다. 그 만족감을 생물학적으로 보면 엔도르핀의 분비에서 오는 것으로, 정치인이 대부분 오래 사는 것에는 그런 까닭도 작용한다고 볼 수 있다. 그러므로 권력욕은 정치인이 되기 위해 첫째가는 개인적 구비 요건이라고 할 수 있다. 한국이든 외국이든 이런 권력 추구자들이 정치인의 대부분을 차지한다. 그러나 정치에 대한 지혜나 사회적 사명감은 빈약한 채 권력욕만으로 무장한 사람이 권력을 장악하게 되면 그 정치체와 구성원은 불행해지기 쉽다. 권력 남용으로 민주 정치를 훼손하거나 국가 경영을 망치거나 사회 갈등을 부추길 것이기 때문이다.

둘째, 운동가 유형의 정치인은 자신이 추구하는 정치이념이나 정책을 관철하기 위해 정치에 뛰어든 사람이다. 노동운동, 환경운동, 문화운동 등 다양한 분야에서 활동하던 시민운동가가 정치인으로 변신하는 모습을 많이 본다. 한국에서도 민주화 이후에 이런 현상이 두드러졌다. 이들은 특정 정책 분야에서 자신이 추구하는 바를 실현하기 위해 노력한다. 또 이들은 정계와 시민사회를 연결하는 고리 역할을 하기도 한다. 물론 시민운동가 중에서도 권력 추구 경향이 강한 사람이 직접 정계에 뛰어드는 경향이 강하다고 할 수 있다.

셋째, 전문가는 운동가와 비슷하게 자신이 전공하는 분야의 정책을 구현하기 위해 정계에 입문한다. 학계, 법조계, 문화 예술계 등의 각종 전문 분야 종사자들이 기성 정치인과의 인맥을 통하거나 정당의 필요에 따라 정계에 초빙되는 경우이다. 전문가는 자신의 전문 분야나 관심사를 정치에 반영하려고 한다는 점에서 운동가와 공통된 점이 있지만, 이들이 서로 다른 점은 운동가가 주로 행동을 위주로 하는 반면 전문가는 이론과 정책 대안 제시를 주된 활동 방편으로 삼는다는 사실이다. 그런데 정계에 뛰어든 전문가는 전문가로 남는 한 정계의 핵심 역할을 차지하기는 힘들고, 정당이나 정부의 이념 및 정책 형성에 기여하는 역할을 주로 담당한다. 그러나 전문가 중에서도 권력가로 변신하여 정계의 핵심 역할을 담당하는 경우도 있다.

넷째, 이익 대표자는 사회의 특정 이익을 대표하고 그것을 관철하기 위해 정치를 한다. 예를 들어서 한국의 경우, 지금은 사라진 민주노동당이나 현재의 정의당 소속 정치인들은 노동자의 이익을 우선 대표하려고 한다. 그 밖에 재벌의 이익을 대표하려는 정치인도 있을 수 있고, 여성이나 문화계의 이익을 대표하려는 정치인도 있을 수 있다. 이익 대표 정치인이 운동가 정치인과 다른 점은 이들이 사회 전체의 이익보다는 특수 이익을 추구하는 데 있다. 이런 차이는 앞 장에서 살펴본, 공익을 추구하는 시민단체와 특수 이익을 추구하는 이익단체의 차이에 견줄 수 있다. 이익 대표자 역시 운동가와 마찬가지로 국가와 시민사회를 연결하는 고리 역할을 담당한다.

정치인을 이렇게 네 가지 유형으로 나누었지만, 사실상 첫째 유형과 나머지 세 가지 유형들은 그 구분의 차원이 조금 다르다. 첫째의 권력 추구자 유형은 사실상 나머지 세 가지 유형에서도 일반적으로 볼 수 있는 성격을 지닌다. 단지 여기서 권력 추구자 유형을 독립시킨 것은 나머지 세 가지 범주에 특별히 속하지 않으면서도 유독 권력욕 하나만 가지고 정계에 뛰어드는 사람이 많기 때문이다. 물론 이런 경우에도 이들이 정치 경험을 쌓으면서 정치 기술이나 지혜, 또는 전문 지식을 차츰 익혀 갈 수도 있다. 뒤의 세 유형에 속한 정치인이라도 권력 추구자의 기본 속성을 어느 정도든 가진다는 점은 굳이 더 설명할 필요가 없다.

한국의 경우는 어떤 정치인들이 많을까? 흥미로운 관찰 대상이다. 이를 알기 위해서는 우선 한국 정치인들의 출신 배경을 볼 필요가 있다. 민주화되기 이전에는 한국 정치인들 가운데 압도적으로 군 출신이 많았다. 그러면 이들은 어느 유형에 속할까? 우선 권력 추구자들일 것이다. 그리고 두 번째로는 일종의 운동가였다고도 할 수 있을지 모르겠다. 그들은 자신이 생각하는 국가 발전을 추진하기 위해 폭력까지도 동원하는 추진가들이었다. 반면 그들은 전문가나 이익 대표자는 아니었다. 군인 출신 다음으로 많은 한국 정치인 유형은 전문 정치인들이었다. 특히 야당의 양 김씨 계열이 대표적이었다. 이들 역시 전문가나 이익 대표자는 아니었고 권력 추구자들이었다고 할 수 있다. 그들은 독재 정권 아래에서 민주화 투쟁을 벌였지만 뚜렷한 국가 발전의 청사진을 가지지는 못했다. 오히려 군부 권위주의 정권 아래에서 야당 역할을 주로 맡았다.

한국 정치인의 세 번째 부류는 관료, 법조인, 교수 등 전문가 집단 출신이다. 이들은 말할 것도 없이 전문가 유형의 사람들이다. 권력 추구자들이 지배하는 정권에서 실무 지식과 정책을 제공한 사람들이다. 이 부류의 정치인들은 권위주의, 민주주의 정권 할 것 없이 한국 정치에서 상당한 역할을 했다. 하지만 이들은 아직 최고 권력을 누리는 단계에까지는 이르지 못했다. 한국 정치인의 네 번째 유형으로는 운동가 유형을 들 수 있는데, 이들은 민주화된 이후에 한국 정치에 진출하여 각 분야에서 영향력을 발휘하려고 한다. 하지만 그들이 활동하는 영역은 대체로 노동이나 환경 등으로 제한되어 있고 영향력 또한 그리 크다고 할 수는 없다. 운동가들 중에는 정계에 투신하여 권력 추구자로 변신한 경우가 많다. 이른바 '운동권' 출신들이 보수 정치인으로 탈바꿈한 경우들이 대표적이다.

이렇게 보면 한국에서는 특히 권력 추구자들이 그동안 정치를 지배해 왔다고 할 수 있다. 그러한 권력 추구자들이 국가 발전과 사회정의 실현의 사명감이나 이에 필요한 지식과 판단력을 얼마나 갖추었는지는 의문이고, 그런 부족한 점을 각종 전문가 집단에게서 보충해 왔다고 할 수 있다. 하지만 시간이 지나면서 전문가나 운동가 출신 정치인들이 점차 중요한 역할을 담당해 가고 있는 것으로 보인다.

정치인의 덕목과 자질 | 정치가 제대로 되기 위해서는 정치인이 제대로 되어야 한다. 그리고 정치인이 제대로 되기 위해서는 정치인에게 맞는 덕목을 갖추어야 한다. 또 유권자들은 정치인들이 이런 덕목을 갖추었는지 잘 살펴보고 투표해야 한다. 필요한 덕목을 제대로 갖추지 못한 정치인이나 덕목 있는 정치인을 잘 식별하지 못하는 유권자 모두 정치 발전의 걸림돌이 된다.

그러면 정치인에게 반드시 필요한 덕목은 어떤 것들이 있을까? 여기서는 일반 정치인 모두가 아니라 그중에서도 상위 정치인 또는 우리가 지도자라고 불러도 좋을 만한 주요 정치인을 대상으로 하는 것이 좋겠다. 왜냐하면 하위 정치인들도 그런 덕목들을 갖추면 좋겠지만, 그들에게까지 적용되지 않을 사항도 있을 수 있기 때문이다.

그런데 여기서 '덕목'이라고 했지만, 더 자세히 보자면 덕목과 '자질'을 구별할 필요가 있다. 덕목을 어느 한 사람이 지닌 바람직한 '성품'이라고 한다면, 자질은 어떤 일을 수행하는 '능력'의 구성요소들이라고 할 수 있다. 자질 없이 덕목만 있는 정치인은 선량하나 무능하기 쉽고, 덕목 없이 자질만 있는 정치인은 국민은 아랑곳없이 자기 이익만 챙기기 쉽다. 모름지기 바람직한 정치인이란 이 두 가지를 겸비한 사람일 것이다. 막스 베버는 유명한 '직업으로서의 정치'라는 강연에서 정치인이 갖추어야 할 덕목으로 정열, 책임감, 판단력의 세 가지를 들었다. 하지만 그는 덕목과 자질을 구별하지는 않았다. 우리의 분류로 보자면, 정열과 판단력은 자질에 속하고 책임감은 덕목에 해당한다고 할 수 있겠다. 이 책에서는 정치인에게 필요한 덕목으로 무엇보다 '사명감'을 들고, 자질로는 '판단력'과 '통솔력'을 들고자 한다.

우선 덕목부터 보자. 글쓴이는 정치인의 가장 큰 덕목을 사명감이라고 본다. 정치인이 나라 발전과 사회정의 실현의 사명감을 가지는 것은 근본적인 일종의 직업윤리이다. 그런 사명감이 없는 사람은 정치인이 되어서는 안 된다. 그런데 실제로는 사명감은 부족하고 권력욕만 강한 정치인들이 수두룩하다. 정치인이 사명감을 가져야 한다는 말은 사실 너무 당연하여 진부할 수 있다. 하지만 진부한 만큼 진실이고, 진부한 만큼 현실이 받쳐 주지 못하고 있다. 사명감이 강하다는 것은 사익보다는 공익을, 그리고 부분 이익보다는 전체 이익을 먼저 생각할 줄 알아야 함을 뜻한다. 말로는 모두가 이런 사명감을 가진다고 할지 모르나, 실제 진정으로 사명감이 투철한 정치인은 그리 많지 않을 것이다. 그런데 어떤 경우에는 사명감이 빗나가서 일종의 아집이 되는 경우도 있다. 히틀러가 독일 민족의 영광을 되찾고 독일인의 생활권을 확보하기 위해 투쟁한 것은 자기 나름대로의 투철한 사명감에서 나온 것이었다. 그러나 그런 빗나간 사명감이 독일 사람과 세계 인류 모두에게 어떤 해악을 끼쳤는지는 굳이 설명할 필요가 없다. 이런 경우는 매우 극단적이지만, 그렇지 않고도 정치인이 빗나간 사명감으로 무장한 경우를 우리 주변에서 어렵지 않게 볼 수 있다. 그러면 어떻게 하면 사명감이 빗나가거나 지나치지 않고 적절한 수준을 유지할 수 있을까? 이를 위해서는 건전한 이성에 바탕을 둔 정치적 판단력이 필요한데, 이는 정치인의 '자질'에 해당하는 부분이라 조금 있다가 설명하기로 한다. 정치인이 가져야 할 덕목으로는 사명감 외에도 성실함, 도덕성 등 많이 있을 수 있다. 하지만 이는 정치인이 아니라도 필요한 덕목이므로 굳이 자세히 서술할 필요가 없으리라 본다.

그런데 정치인은 이런 덕목만 가지고는 훌륭하게 업무를 수행할 수 없다. 덕목 이외에 업무를 수행할 자질이 있어야 한다. 글쓴이는 정치인이 갖추어야 할 자질로 '판단력'과 '통솔력'을 가장 중요하게 생각한다. 그런데 이러한 자질은 일반 정치인들보다는 상위 또는 최상위에 있는 정치 지도자들에게 더 필요한 자질들이다. 하위 정치인들에게도 판단력과 통솔력이 중요하겠지만, 특히 통솔력의 경우는 덜 해당된다고 할 수 있다.

먼저 판단력은 말 그대로 사물이나 사건의 성격과 구성요소들 사이의 관계를 잘 파악하는 능력이다. 또 그런 능력을 바탕으로 다양한 상황에서 올바른 정치적 결정을 내릴 수 있는 능력이다. 그것은 이익과 손해뿐만 아니라 옳고 그름을 식별할 수 있는 능력이다. 특정 상황의 원인과 결과의 관계를 잘 파악하고, 자기가 취한 행동의 결과를 예상할 수 있으며, 더 나아가 인간의 본성과 인간관계의 복잡한 모습들을 파악할 수 있는 능력이다. 이런 능력은 오랜 훈련을 통해 길러질 수도 있지만, 상당 부분 타고나는 것이기도 하다.

그런데 판단력과 비슷하면서 조금 의미가 다른 능력으로 '통찰력'을 들 수 있다. 판단력이 합리적이고 이성적인 추론을 통해 사물을 인식하는 능력이라면 통찰력은 그것보다는 직관과 지혜를 통해 사물을 인식하는 능력이다. 물론 이 둘을 이렇게 분명하게 구분하기는 어렵기 때문에 서로 겹치는 부분이 많다고 할 수 있다. 이 책에서는 판단력이 통찰력을 포함하는 것으로 간주한다. 통찰력 또한 경험과 훈련을 통해 길러지지만, 이성적 판단력의 경우보다 통찰력에서는 타고난 직관적 능력이 더 중요하다고 볼 수 있다. 통찰력은 일종의 지혜를 말한다. 지혜는 공부와 타고난 능력의 결합으로 이루어진다. 재주가 있으나 지혜가 없는 사람이 있을 수 있고, 지혜는 있으나 재주가 없는 사람도 있을 수 있다. 바람직한 정치 지도자는 이 둘을 겸비하는 사람이겠지만, 둘 중 어느 것이 더 중요한지를 굳이 따지자면, 지혜가 더 중요하다고 할 수 있다. 재주는 참모나 부하를 통해 얻을 수 있지만, 지혜는 남에게 빌릴 수 없기 때문이다. 판단력이든 통찰력이든 여기에는 포괄적인 안목이 필요하다. 어느 한 곳에 집중하는 전문 지식이 아니라 여러 분야의 관계를 명확히 파악하는 능력이 포괄적인 안목이다. 이런 능력은 최고위 지도자들에게 특히 필요하다.

지도적 정치인이 갖추어야 할 두 번째 자질인 통솔력은 다른 말로 지도력이라고도 할 수 있다. 지도력이 지도자에게 필요하다는 말은 어쩌면 동어 반복이라고 할 수 있다. 그러나 통솔력이 부족한 사람이 지도적인 위치에 오르는 경우가 많기 때문에 이 부분을 강조하지 않을 수 없다. 그러면 통솔력이란 무엇을 말하는가? 통솔하는 것은 순 우리말로 '이끄는' 것이다. 따라서 통솔력은 다른 사람들을 이끌어 가는 능력이다. 여기서 다른 사람들이란 자기를 추종하는 사람뿐만 아니라 자기에게 반대하는 사람도 포함한다. 여러 사람 사이에 갈등이 일어나고 여러 집단 사이에 충돌이 일어날 때 지도자, 곧 통솔자는 이들 사이의 충돌과 갈등을 완화하고 이들을 한길로 이끌어 갈 수 있어야 한다. 게다가 정치체가 외부의 침입이나 내부의 갈등으로 위기에 처했을 때 지도자는 구성원들의 불안과 분열을 극복하고 올바른 길을 제시할 능력을 갖추어야 한다. 여기에는 정치 지도자의 판단력이 중요하다. 그런 판단력으로 올바른 길을 찾아서 그 길로 국민들을 끌고 가는 능력이 바로 이끄는 능력, 즉 통솔력이다. 올바른 판단은 할 수 있지만 이끄는 능력이 없는 사람은 지도자가 될 수 없다. 그는 지도자의 참모는 될 수 있을 것이다. 반대로 이끄는 능력은 있으나 판단력이 부족한 사람도 지도자가 되어서는 안 된다. 오히려 정치체의 구성원을 잘못된 길로 인도하여 위험에 빠뜨릴 수 있다. 그런데 많은 경우 정치 지도자가 갈등을 극복하고 사회를 이끌어 나가기보다는 오히려 반목을 일으키거나 갈등을 고조시키는 경우를 본다. 이런 지도자는 참된 지도자라고 할 수 없다. 그는 자신의 이익이나 자기 정파의 이익을 위해 싸우는 투사가 될 수는 있을지언정 국민 전체를 이끌어 나가는 정치 지도자는 되지 못한다.

지금까지 정치인에게 필요한 덕목과 자질을 대표적인 것들만 추려서 논의했다. 그런데 이러한 덕목이나 자질과는 또 달리 정치인이 되기 위해 필요한 개인적 요소를 지적할 수 있는데, 바로 그것은 정치인이 되기 위한 '적성'이다. 이 적성은 반드시 지도자만이 아니라 하위 정치인들에게도 해당되는 요소이다. 아니 다시 생각하면 이는 지도자에게는 그다지 중요하지 않을지도 모르겠다. 따라서 이 부분은 정치인의 자질을 다룰 때 매우 중요하지는 않을지 모르나, 정치 지망생에게 도움이 될 수 있으므로 간단히 언급한다.

먼저, 현실 정치를 하기 위해서는 사람 만나기를 즐기는 동시에 매우 부지런해야 한다. 정치인들은 유권자들에게 표를 구해야 하기 때문에 유권자를 많이 만나야 하고, 선거철에는 선거운동을 해야 하고, 각종 회의와 모임에 참석해야 하고, 유권자나 다른 시민의 민원을 들어야 한다. 여기저기 지방을 다녀야 하고 이런저런 회의에 참석해야 한다. 이런 자질구레한 일로 바쁠 준비가 되어 있지 않은 사람은 정치인으로 성공하기 힘들다. 또 정치인의 성격은 예민하지 않고 어느 정도 무감해야 한다. 속된 말로 얼굴이 두꺼워야 한다. 정치적 반대자들이 퍼붓는 온갖 악담과 비난을 감수할 준비가 되어 있어야 하고, 때로는 거짓말도 하고 양심에 거리끼는 일도 할 줄 알아야 한다. 따라서 지나치게 남의 평가에 민감한 사람이거나 올곧은 양심의 선비 같은 사람은 정치인으로 적합하지 않다.

위와 같은 성격을 가진 사람은 일단 정치인으로서의 적성을 갖추었다고 볼 수 있다. 그러나 그런 성격만 갖추고 정작 정치인에게 필요한 덕목과 자질을 갖추지 못한 사람이 정계에 너무 많으면, 그 정치는 수준 낮은 지저분한 정치가 되기 쉽다. 사실 한국뿐만 아니라 세계 여러 곳에서 정치에 대한 불신이 깊은 것은 바로 이런 정치인들이 너무 많기 때문이 아닐까? 수준 높은 정치인들은 오히려 부지런한지 안 한지에 관계없이 사명감, 성실성, 판단력, 통솔력을 갖춘 정치인일 것이다. 참된 정치 지도자는 오히려 차분하며 부끄러움도 알고 양심에 귀기울일 줄 아는 사람일지도 모른다. 정치인에도 수준이 있고 층위가 있는 법이라, 각 수준별로 필요한 정치인의 속성이 조금씩 다르리라 본다.

정치문화 | 한 나라의 정치 수준이 정치인의 수준에만 좌우되지 않는다는 것은 말할 필요도 없다. 그 나라 국민의 수준이 곧 그 나라의 정치 수준이다. 그리고 정치인의 수준이라는 것 또한 해당 국민의 수준을 반영할 뿐이다. 그러니 유권자가 정치인의 수준이

낮다고 비난하는 것도 사실은 제 얼굴에 침 뱉는 격이다. 그런 대통령이나 국회의원을 뽑아 준 것은 유권자요 그런 정치인을 키운 것은 국민이기 때문이다. 그리고 정치인이 저지르는 비리나 부덕함은 정치인끼리 저지르는 것이 아니라 정치인과 일반 국민들 사이에 일어나는 것이니 그것에 대해서도 마찬가지 말을 할 수 있다. 그러니 정치 수준이 높아지기 위해서는 정치인과 국민의 수준이 같이 높아져야 한다. 그런데 여기서 말하는 정치 수준이라는 것은 과연 무엇일까? 상식적으로 보자면, 비리를 저지르지 않는 도덕성에서 시작하여 일을 잘 처리하는 능력과 효율성, 국민의 이익을 잘 대변하는 대표성, 국민 말을 잘 듣고 그들의 정치참여를 보장하는 민주성 등등을 들 수 있다.

그런데 여기에는 정치문화라는 것이 매우 중요하게 작용한다. 민주주의 체제가 발전하기 위해서는 특히 민주적 정치문화가 잘 발달해야 한다. 물론 민주 체제가 발전해야 민주 문화가 생기는지 민주 문화가 먼저 생겨야 민주 체제가 생기는지에 대해서는 끝날 수 없는 논쟁이 있을 수 있기 때문에, 여기서는 일단 이 둘이 같이 가는 것으로 간주한다. 그러면 민주적 정치문화라는 것은 무엇일까? 이를 쉽게 이해하려면 거꾸로 비민주적인 정치문화가 무엇인지를 생각해 보면 된다. 비민주적인 또는 권위주의적인 문화는 위계질서를 강조하고 지배자가 피지배자를 억압하며 사회 구성원은 정치에 대해 무지하거나 수동적이며 정치참여가 부족한 정치문화이다. 민주적 정치문화는 그 반대이니, 구성원 사이의 관계가 수평적이며 권력자의 권력 행사가 자의적이지 않고 정치에 대한 구성원의 이해 수준이 높고 정치참여가 활발한 문화이다. 또 민주주의 문화는 정치 행위자들 사이의 관용과 타협을 반드시 요구한다. 관용과 타협의 문화가 민주주의 발전에 매우 중요하다는 말은 진부한 상식 같지만, 이를 실천하는 것은 매우 어렵다.

미국 정치학에서는 50~60년 전부터 정치문화에 대한 연구를 활발히 해왔다. 그들이 주로 하는 연구방법은 설문조사를 통해 사회 구성원들의 정치적 태도나 성향을 확인하는 방법이다. 이를 통해 그들은 여러 나라의 정치문화를 비교 분석한다. 그 결과를 가지고 민주적 정치문화, 참여적 문화, 수동적 문화, 지방형 문화, 권위주의 문화 등등의 구분을 했고, 경우에 따라서는 물질적 가치관, 탈물질적 가치관 등의 구분을 하기도 했다. 한국에서도 이런 방법론을 도입하여 정치문화 연구를 많이 하는데, 이들에 따르면 한국의 정치문화가 과거에는 유교적 전통 사회의 유산으로 위계질서, 수동적 태도, 집단주의, 권위주의 등의 특징을 보인 반면, 최근에 와서는 좀 더 개인주의적이고 민주적, 수평적인 문화로 바뀌는 결과를 보인다. 그동안 진행된 산업화, 도시화, 교육의 확대, 그리고 민주화의 결과라고 할 수 있다.

이러한 연구들은 각국 정치문화의 성격과 그 변화를 이해하는 데 많이 이바지했다. 그러나 정치문화에 대한 연구는 이런 설문조사만으로는 부족하다. 이런 설문조사는 서양, 특히 미국 정치문화를 표준으로 놓고 그것에 입각한 질문서를 작성하여 다른 나라의 정치문화가 미국 또는 서양과 어떻게 다른지에 초점을 두는 경향이 강하다. 그래서 비서구 지역의 독특한 정치문화를 포착해 내는 데에는 한계가 있을 수밖에 없다. 더구나 정치문화의 특징들을 설문조사에만 의존하는 것도 반드시 좋은 방법은 아니다. 한 사회의 구조적 특징과 역사, 전통에 대한 깊이 있는 관찰과 분석 또한 그 사회의 정치문화를 이해하는 중요한 방법일 수 있다.

이런 점에서 그레고리 헨더슨이 저술한 『소용돌이의 한국정치』는 한국의 정치문화를 이해하는 데 중요한 시사점을 제공한다. 그는 한국-조선이 이차 집단이 발달하지 못한 단극 사회로, 원자화한 대중과 엘리트가 중앙 권력을 향해 경쟁하는 소용돌이 모양의 권력 경쟁 과정을 보인다고 한다. 그래서 한국은 예로부터 매우 중앙집권적이고 원자화한 이른바 '대중 사회'라는 것이다.* 글쓴이도 이와 비슷하게 한국이 단일성, 밀집성에서 오는 여러 특징(획일성, 집중성, 조급성, 극단성, 역동성)을 보이는 사회라고 서술한 바 있다.** 그 결과 한국 정치는 다른 나라보다 유독 한쪽으로 쏠리는 '쏠림' 현상과 한 가지 바람에 휩쓸리는 '휩쓸림' 현상이 강하다고 볼 수 있다. 또 단일 사회이기

---

*

그레고리 헨더슨 지음, 박행웅 옮김, 『소용돌이의 한국정치』(서울: 한울, 2000).

**

김영명, 『단일 사회 한국, 그 빛과 그림자』(서울: 인간사랑, 2005); 『한국 정치의 성격』(서울: 오름, 2016).

때문에, 여러 사회 집단이 투쟁하는 균열 사회에 비해 사회와 정치가 덜 불안하다고 할 수 있다. 헨더슨이나 글쓴이의 소론들은 모두 일종의 정치문화론이라고 할 수 있다. 이는 설문조사를 통하지 않고 사회의 구조에 주목하는 일종의 구조론이라고 볼 수 있지만, 이 주장들을 토대로 설문지를 작성하고 설문조사의 방법을 통해 이 주장들의 타당성을 검증할 수도 있을 것이다.

마찬가지 원리로, 미국이 이민자로 이루어진 변경 개척의 '예외적인' 또 청교도의 '신의 섭리'를 반영한 국가라는 신념이 낳은 미국 정치의 특징에 주목할 수도 있으며, 이어령 씨가 말한 대로 일본이 축소 지향의 사회라면 그것이 정치문화로는 어떻게 나타나는지도 고찰해 볼 수 있을 것이다. 예컨대, 일본이 과거의 죄과를 부정하는 것은 그들이 지닌 축소 지향의 작은 심성 때문은 아닌가 하는 질문도 제기해 볼 수 있는 것이다. 이런 모든 문제가 정치문화에 해당하는 문제라고 할 수 있다.

정치참여와 무관심 | 그런데 요사이 민주주의를 위협하는 한 요소로 정치체 구성원의 정치적 무관심을 드는 경우가 많다. 선진국의 경우 대통령 선거나 의회 총선에 참여하는 비율이 50퍼센트를 간신히 넘을 정도이다. 한국에서도 최근 들어 투표율이 점차 낮아지고 있는 것을 볼 수 있다. 그러면 왜 투표율이 낮아

질까? 더 일반적으로, 왜 많은 나라에서 정치적 무관심이 높아지고 있을까? 그리고 그런 정치적 무관심이 왜 민주주의에 해로울까? 거꾸로, 정치참여는 반드시 높은 것이 바람직할까?

정치적 무관심이 느는 까닭은 여러 가지로 추론할 수 있다. 우선 사람들이 정치에 관심을 가지지 않아도 생활에 별 지장이 없을 정도로 정치나 사회가 안정되었기 때문이라고 할 수 있다. 이는 거대한 정치 문제들이 사라진 선진 민주 사회나 탈물질 사회에서 흔히 볼 수 있는 현상이다. 이런 곳에서는 정치가 안정되고 체제가 굳건히 자리 잡아 경쟁하는 정치이념끼리의 대결도 미약하고 정치 세력 사이의 차이가 크지 않다. 따라서 어느 세력이 집권하느냐에 따라 정책이나 나라 발전의 방향이 크게 달라지지 않을 것이므로 유권자들의 정치참여나 정치적 관심이 자연히 낮아질 수밖에 없다. 한국의 경우에도 민주화 이후 시간이 지나면서 각종 선거에서 투표율이 점차 낮아졌다. 그것 역시 민주화라는 거대 변동이 종료된 뒤에 오는 정치적 안정과 그에 따른 정치적 무관심의 증대 때문이라고 할 수 있다.

물론 선진 사회라고 하여 정치 쟁점이 사라진 것은 아니다. 벌써 60년 전에 다니엘 벨이라는 미국 사회학자가 서양 사회에서 이념 경쟁이 사라졌다고 하면서 '이데올로기의 종언'이라는 명제를 내놓았고, 25년 전에는 이와 비슷한 맥락에서 프랜시스 후쿠야마가 '역사의 종언'을 주장했다. 모두 서구 자본주의와 자유민주주의의 승리를 구가하는 주장들로, 그런 주장 자체가 '이념'이라는 비판에 직면하기도 했다. 그런데 미국뿐만 아니라 영국, 프랑스 등 서구에서도 이라크 전쟁, 세계화, 민영화, 다문화 등등을 놓고 이념 및 정책 경쟁이 아직도 계속되고 있다. 단지 혼란한 사회나 변동 사회처럼 정치적 미래가 불투명하거나 정치 불안이 잦지 않은 점이 다를 뿐이다.

둘째, 정치적으로 무관심한 것은 정치에 관심을 가져 보았자 별로 달라질 게 없다는 무력감 때문일 수 있다. 권위주의 정권은 국민들이 정치에 관심을 가지는 것을 의도적으로 막는다. 국민들이 관심을 가져 봐야 불평이나 반대만 늘어날 것이기 때문이다. 그래서 국민의 관심을 다른 데로 돌릴 여러 가지 방책을 구사한다. 운동경기나 연예사업을 부추기고 국민들이 일상적 안락에 만족하도록 유도한다. 한국에서 박정희 정권 시절에 프로 레슬링이 붐을 일으켰고 전두환 시절에 프로야구가 출범한 것도 그런 방책의 일환이라고 볼 수 있다. 또 유신 시절에 정치 사회적 소설을 쓸 수 없어 이른바 호스티스 소설이 유행한 것도 같은 맥락이다. 물론 이런 현상들이 모두 정치적으로 조작된 것이라고 할 수는 없고, 각 분야에서 생긴 자생적 흐름도 있었겠지만, 정치적 의도가 다분히 개입되었음은 부인하지 못한다. 이런 상황에서 국민들은 말초적인 흥미에 빠지고 정치에 관심을 가져 봐야 달라질 것도 없다고 느끼게 되기 쉽다.

그런데 이런 무력감은 반드시 독재 정권이 만들어 내는 것은 아니다. 한국에서는 민주화된 지금 그런 현상이 오히려 더 깊어지고 있는 것 같다. 그것은 상업주의와 말초적 소비문화의 범람 때문이다. 민주화 투쟁과 같은 거대 운동이 사라진 빈자리에 일상적 안락이나 환락이 화려한 돈으로 치장하고 대중, 엘리트 할 것 없이 모든 이의 마음을 사로잡기 때문이다. 그런 곳에서는 정치적 관심이 생기기 어렵다. 특히 관심을 가져 보았자 자본주의 지배의 근본 구조가 바뀌지 않으리라는 의식 또는 그런 무의식적인 느낌은 정치적 무관심을 부채질한다. 나라 전체에 영향을 주는 대통령 선거에서 그나마 투표율이 가장 높고 국회 보궐선거나 지역의회 선거에서 투표율이 가장 낮은 것 역시 유권자로서는 어느 후보가 되든 별로 달라질 것이 없다고 느끼기 때문이라고 할 수 있다.

셋째, 두 번째 까닭과 연결되는 얘기지만, 정치 외에 사람들의 관심을 끄는 것이 너무 많아져서라고 볼 수 있다. 특히 정보통신 매체가 눈부시게 발달하다 보니 각종 매체를 통한 오락, 놀이 수단들이 너무 많아졌다. 어린 학생들은 스마트폰에 붙어서 떨어질 줄을 모르고 젊은 청년들은 인터넷 게임에 중독되어 가정불화도 마다하지 않는다. 교통수단이 발달하니 손쉽게 외국 여행을 다닐 수 있게 되고 각종 동호회, 취미 모임이 많아 즐길 것이 많아졌다. 거기다 아무리 경제 위기라고 엄살을 부려도 먹고 살 돈은 있고 취미 활동할 정도의 돈은 있는 사람이 대부분이다. 요즘은 시설이 발달하여 돈 없는 사람들은 하다못해 달리기라도 즐길 수 있다. 골치 아픈 정치에 관심을 가지기에는 즐길 것이 너무 많다.

이런 여러 가지 이유가 사람들로 하여금 정치에서 멀어지게 만든다. 사람을 잡아 고문하는 일도 없어졌고 투표하러 가는 것이 대단한 애국심처럼 생각되지도 않고 스마트폰을 붙잡고 있는 것이 훨씬 더 재미있는데, 그래서 이제 젊은 학생들은 뉴스에도 별 관심 없고 신문도 잘 읽지 않는데, 정치에 관심 가질 까닭이 왜 있을까? 정치는 정치인과 일부 정치에 관심 있는 비평가들에게 맡겨 두면 그만 아닌가? 그렇게 하든 하지 않든 크게 달라질 것도 없는데……. 그런데 이런 생각이 꼭 틀린 것일까? 모든 정치학 교과서가 아마 이 생각이 틀렸다고 할 것이다. 교과서의 판단도 일리가 있다. 앞에서도 말했지만, 시민이 정치에 관심을 가지지 않으면 잘못하는 정치를 고칠 수 없고, 나라 살림을 일부 사람들이 제 마음대로 할 수 있게 된다. 그래서 민주주의의 초석이 흔들리게 된다. 그래서 민주 시민이라면 마땅히 정치에 관심을 가지고 민주적인 문화를 체득해야 한다.

그런데 달리 생각하면, 일반 국민에게 정치에 항상 관심을 가지라고 요구하는 것도 무리이다. 기질적으로 정치가 싫은 사람도 있을 것이고, 참여해 봤자 달라질 것이 없다고 생각하는 비관론자도 있을 것이고, 정부나 정치인들이 싫어 항의의 표시로 투표에 참여하지 않는 사람도 있을 것이다. 그런 사람들을 틀렸다고 비난할 권리는 아무에게도 없다. 미술에 관심이 없어 미술관에 가지 않는다고 미술 발전을 해치는 사람이라고 누가 비난할 것인가? 물론 정치는 미술보다 인간 삶과 사회 발전에 더 직접 영향을 미치고 선거라는 직접 참여의 의무가 있으니 경우가 좀 다르기는 하겠다.

다른 한편, 기초 지방선거 같은 경우는 투표율이 낮은 것이 오히려 정상인 것처럼 보인다. 적어도 한국의 상황에서는 그렇다. 왜냐하면 출마하는 후보자들이 어떤 사람인지 유권자들이 알기 어렵고 그들이 내세우는 정책이라는 것도 모두 비슷하기 때문이다. 그러니 정책을 보고 투표해야 한다는 당위론도 이상으로는 좋지만 비현실적이라, 아예 투표를 하지 않거나 정당을 보고 투표를 하게 되는 것이다. 지역 주민의 투표율이 높으려면 주민의 여러 가지 생각이 적극적으로 정책에 반영될 수 있는 제도를 먼저 마련해야 한다. 그런 다음에라야 비로소 정치참여의 요구를 주민들에게 할 수 있으리라 본다.

정치적 무관심이 높은 이유를 종합해 보면, 결국 참여해서 달라질 것이 별로 없다는 생각이 가장 근본적이다. 이 말이 꼭 부정적인 것만은 아니다. 별로 달라질 것이 없다는 생각은, 적어도 지금 한국의 상황에서는 지금 크게 잘못된 것이 없다는 생각일 수도 있기 때문이다. 그리고 이런 상황에서는 정치참여가 오히려 특정 세력들의 세 불리기 또는 동원 참여로 변질될 가능성도 있다. 그러므로 참된 정치참여를 가능하게 할 제도를 확립하고 이를 토대로 참여 문화를 진작하는 것이 옳다고 본다. 근본적으로는, 자유민주주의의 한계와 신자유주의적 자본주의의 일방적 지배까지도 흔들 수 있는 가능성이 있을 때 정치참여가 참된 의미를 가질 것이다. 그렇지 못할 때, 다시 말해 정치 세력들 사이에 큰 차이가 없거나 체제나 제도의 변화 가능성이 없을 때 일반 시민들의 정치참여가 높기를 기대하는 것은 무리일 것이다.

이성의 정치, 감성의 정치 | 정치는 이성의 것인가 감성의 것인가?
또 이성의 정치가 우월한가 아니면 감
성의 정치가 우월한가? 앞의 것은 몰라도 뒤의 질문에 대해서는 아마
대부분의 사람이 이성의 정치가 더 우월하다고 대답할 것이다. 과연
그럴까? 한번 따져 보기로 하자.

우선 정치는 이성적인 것인가 아니면 감성적인 것인가? 이 질문은
사람이 이성적인 존재인가 아니면 감성적인 존재인가를 묻는 것처럼
어리석게 들린다. 사람이 둘 다인 것처럼 정치도 둘 다로 구성된다. 정
치는 사람이 하기 때문이다. 그리고 정치 행위는 사람이 사람을 움직
이는 행위이기 때문이다. 먼저 정치의 감성적인 면부터 살펴보도록 하
자. 그런데 여기서 그냥 감성이라고 표현했지만, 여기에도 여러 가지
다른 측면이 존재한다. 글쓴이는 정치의 감성적인 면을 편의상 좋고
싫은 감정, 열정, 감성적 휩쓸림, 거부할 수 없는 유혹, 상징 동원, 공
동체적 유대감의 여섯 가지로 나누어 보았다. 물론 다른 사람들은 다
른 방식으로 나눌 수 있을 것이다.

우선 좋고 싫은 감정은 사람에게 기본적인 감정이고, 이것이 정치
의 여러 면에서 중요한 역할을 한다. 예를 들어 "나는 아무개가 좋다"
또는 "아무개가 싫다"는 것은 여러 가지 이유가 있을 수 있지만, 굳이
설명할 수 없는 감정 때문에 그렇게 될 가능성도 매우 높다. 정치인
아무개가 추진하는 특정 정책이 좋거나, 그가 양반 출신이라서 좋거
나, 그가 제주도 출신이어서 좋거나, 아니면 그가 키가 커서 또는 그

가 여자라서 좋을 수 있다. 우리는 흔히 그 사람의 정책이 좋아서 특정 정치인을 좋아하면 그것을 이성적이라고 하고, 키가 커서 좋다고 하면 그것을 감성적이라고 한다. 이 구분에 큰 무리는 없어 보이나, 반드시 그것이 옳다고는 생각되지 않는다. 예컨대, 통계를 보면 키가 큰 사람이 작은 사람보다 사회적 성공을 거둔 확률이 더 높다고 한다. 만약 그렇다면 사람에 따라서는 그런 통계를 근거로 키 큰 정치인을 키 작은 정치인보다 선호할 수 있다. 그렇다면 그런 선호는 감성적인 것이 아니라 이성적인 것이다. 하지만 실제로는 그런 경우가 거의 없으리라 생각되기 때문에, 키 큰 정치인을 선호하는 것은 대부분 막연한 기호, 즉 감정적 싫고 좋음 때문이라고 할 수 있다. 하지만 이와는 달리, 특정 지역 출신의 정치인을 좋아하는 것은 그것이 자기 자신이나 나라 전체에 이익이 되기 때문이라고 믿을 수 있기 때문에, 그런 경우 이를 반드시 감성적이라고 할 수는 없다.

　싫고 좋음은 반드시 정치인에 대한 일반 국민의 감정에만 국한되는 것은 아니다. 정치인은 모름지기 자기 나라를 사랑해야 하고 국민을 사랑해야 한다. 그것은 이성이 아니고 감성의 역할이다. 김구 선생이 나라를 위해 몸을 바치거나 힘없는 애국자가 나라 형편을 생각하고 눈물 흘리는 것은 감정이고, 그것은 정치에 반드시 필요한 소중한 감정이다. 세종대왕이 어린 백성을 사랑하여 한글을 창제한 것은 고귀한 애민정신이다. 그것 역시 이성이 아니라 감성이다. 국민들이 나라 형편에 관계없이 자기 나라를 사랑하고 나라가 위기에 처했을 때 자기를 희생하면서 나라를 지키려고 하는 것 역시 이성이 아니라 감성의 영역이다.

둘째, 정치의 또 다른 감성 영역을 우리는 열정에서 볼 수 있다. 정치인은 열정을 가지고 정치에 임해야 한다. 국민도 열정을 가지고 정치를 감시하고 자신이 원하는 정치 세력을 지지해야 한다. 나라를 사랑하는 열정, 자기 고향을 사랑하는 열정, 반대 당 후보자를 싫어하는 열정, 일본을 싫어하는 한국인의 열정, 일본 문화를 좋아하는 한국인의 열정, 기독교도를 싫어하는 이슬람교도의 열정, 이슬람을 악마라고 여기는 기독교 근본주의자의 열정, 이 모든 열정은 감성의 영역이다. 위에서 본 좋고 싫음이 단순히 좋고 싫음의 두 구분만을 말한 것이라면 여기서 말하는 열정은 그 좋고 싫음의 '정도'를 말하는 것이라고 봐도 된다. 열정은 클 수도 있고 작을 수도 있다. 한국의 지역주의는 여러 가지 정치적 이유 때문에 생겨났다. 거기에는 감성적 이유도 있고 이성적 이유도 있을 것이다. 그러나 지역주의가 얼마나 강하느냐 하는 문제는 역시 이성보다는 감성의 영역에 속한다고 할 수 있다.

셋째, 열정의 또 다른 얼굴은 감성적 휩쓸림이다. 이것은 독재자들이 대중을 선동할 때 즐겨 사용하는 방법이다. 히틀러가 주도한 촛불 집회에 모인 독일의 중산층과 서민 대중은 그의 연설을 듣고 눈물을 철철 흘렸다. 그 결과가 엄청난 전체주의 사회로의 진군이었다. 그러나 이런 일이 선동가나 독재자에게서만 나타나는 것은 아니다. 민주 과정에서도 얼마든지 나타날 뿐만 아니라, 요즘 들어 각종 매체의 발달로 그 중요성이 더해지고 있다. 1960년의 미국 대통령선거에서 불리하던 케네디 후보가 닉슨 후보를 추월한 계기는 사상 처음으로 열렸던 텔레비전 토론회 때문이었다. 승패는 토론을 누가 잘했는지가 아니라 두 후보의 외모와 이미지에서 갈렸다. 잘생긴 케네디는 깔끔한 외모를 부각시킨 반면, 음울한 인상의 닉슨은 아침에 면도한 얼굴에 수염이 자라 더 음산한 인상을 주었다(토론회는 밤에 열렸다). 정책이나 능력보다는 이미지와 인상이 선거에서 더 많은 영향을 끼치는 일은 점차 더 심해지고 있다. 이런 현상을 바람직하지 않다고 말할 수는 있어도, 정치과정에서 빠질 수 없는 구성요소로 인정하지 않을 수 없다. 대중매체가 발달하지 않았던 고대 그리스나 로마에서는 웅변가의 웅변이 현대의 이미지 정치를 대신했다. 그래서 당시에는 웅변과 수사학이 중요한 정치적 자질이 되었다.

감성적 휩쓸림은 선거 과정에서만 나타나는 것이 아니다. 한국 정치를 휩쓸었던 지역주의도 그 한 보기이며, 노무현 대통령의 당선, 탄핵 소동, 인기 추락 등등이 정책의 성패에 대한 합리적인 판단이 아니라 감성적 휩쓸림 현상이라는 점을 이해하기는 어렵지 않다. 한국인의 경우 특히 이런 감성적인 면이 두드러지게 나타나는데, 글쓴이는 그것을 한쪽으로 쏠리고 휩쓸리기 쉬운 단일 사회, 밀집 사회적인 조건 때문으로 파악한다. 좁은 국토에서 동질적인 사람들이 몰려 살다 보니 행동과 사고가 급격하게 변화하고 획일적으로 몰려다니기 쉽게 되는 것이다.

여기서 현대 정치에서 '여론'의 의미를 다시 생각해 보게 된다. 민주주의는 여론 정치라고 흔히 말한다. 구성원 대다수의 생각에 따라 정치를 하는 것이 마땅한 민주 정치이다. 그러나 그 여론이라는 것이 언제나 다수의 뜻을 대변한다고 볼 수는 없다. 여론이 선동과 이미지에 의해 조작될 수도 있거니와, 그렇지 않다고 하더라도 그때그때 상황이나 사건에 따라 쉽게 변할 수 있는 것이기 때문이다. 그렇기 때문에 올바른 정치적 선택이 특정 시점에서 국민 다수가 원하는 바와 다를 가능성은 매우 높다. 이것이 민주 정치의 한 모순이다. 여론을 무시할 수도 없고 그렇다고 무조건 따를 수도 없는 것이 현대 민주 정치의 한 모순이다. 거기서 현명한 선택을 할 수 있는 것이 바로 정치인의 판단력이다.

넷째, 사람은 종종 거부할 수 없는 유혹에 빠진다. 가장 대표적인 예가 이루어질 수 없는 사랑에 대한 집착이다. 로미오와 줄리엣의 슬픈 사랑 이야기에서 우리는 그 전형을 본다. 망할 줄 알면서도 자신의 힘으로 거역할 수 없는 어떤 힘에 끌리어 망하는 선택을 하는 경우를 우리는 주변에서 가끔 본다. 사실 이것은 선택이라는 말로 표현하기에는 부적합하다. 그래서 사람들은 종종 이를 운명이라는 말로 표현한다. 이런 현상은 정치에서도 예외가 아니다. 샤론 스톤이 주연한 영화 「원초적 본능」의 한 장면이라고나 할까? 어떤 명분이나 이념에 대한 집착, 정적에 대한 복수심, 남에게 자신을 과시하고 싶은 허영심, 이런 것들이 거부할 수 없는 유혹이다. 글쓴이의 능력 부족으로 정확한 사례들을 들 수는 없으나, 역사상 수많은 전쟁이 통치자의 개인적 명예욕이나 질투, 복수심으로 일어났다. 그리고 그것 때문에 망한 통치자들이 수두룩하다. 현대 민주주의 사회라고 해서 이런 일이 없는 것은 아니다. 그 형태만 달리할 뿐이다. 미국의 조지 W. 부시 대통령이 이라크를 침공한 것은 석유자원 확보 때문이기도 하겠지만, 세상을 선과 악으로만 보는 그의 치명적인 정신적 오류 때문이기도 하다. 악을 절멸하고 싶은 유혹을 그는 뿌리치지 못했다. 그 결과 미국 정계를 비롯한 대부분의 세상이 그를 등졌다.

다섯째, 감성이 지배하는 정치의 한 형태는 정치 상징물의 동원에서 나타난다. 우리가 아는 국가와 국기, 국경일 등 국가 상징(물)들은 국민을 한데로 모으고 국민 통합을 이루기 위해 고안되었다. 더 나아가 그것은 집권자의 권력을 공고히 하기 위한 도구로도 사용된다. 역사적 인물을 영웅시한다거나 국사를 미화하는 것도 마찬가지 까닭 때문이다. 박정희 대통령은 유신체제를 공고히 하기 위해 이순신 장군을 영웅으로 만들고 현충사를 성역으로 치장했다. 또 국민교육헌장을 제정하여 학생들이 외우게 했으며, 거리 곳곳에서 날마다 국기 하강식을 열었다. 이런 일은 독재국가에만 있는 것이 아니고 민주 국가에서도 있는 일이다. 구성원들 사이의 일체감을 조성하기 위해 필요한 정치 행위이기도 하다. 국가 차원에서뿐만 아니라 지역이나 정치 조직들에서도 이런 상징 동원은 필요하다. 그러나 상징 동원이 도를 지나쳐 상징 '조작'이 되고 개인의 권리와 자유를 침해하는 정도에까지 이르면 그것은 인간의 정념을 지나치게 이용하는 집단적 횡포가 될 수 있다.

정치의 감성적 측면의 마지막 종류로는 공동체적 유대감을 들 수 있다. 이는 지역, 종족, 종교, 언어, 문화, 역사 등에서 동질적인 사람들이 서로 유대감을 느끼고 정치 집단을 형성하며 자신의 이익과 가치관을 지키기 위해 노력하는 경우이다. 이런 경우는 여러 일차 집단이 경쟁하는 다원 사회에서 두드러지게 나타난다. 예를 들어, 미국에서는 흑인과 백인, 동양인, 히스패닉 등 인종 구분이 확연하여, 이들에게는 소속 집단에 대한 충성과 미국이라는 국가에 대한 충성, 이렇게 두 가지의 충성 기반이 있다. 이 경우 예를 들어 한국계 미국인은 한민족으로서의 정체성을 유지하기 위해 노력할 것인가, 아니면 미국 시민으로서의 정체성을 더 중시할 것인가? 지금 미국에서는 이에 대한 논쟁이 활발하다. 이 경우는 그래도 비교적 둘 사이의 갈등이 덜하다고 할 수 있지만, 무슬림의 경우를 예로 들어 보자. 미국에 사는 무슬림 여성은 이슬람의 계율에 따라 히잡을 쓰고 생활할 것인가, 아니면 미국 자유주의 정신에 따라 그것을 과감하게 벗고 여성평등을 외칠 것인가? 다문화주의자는 앞의 것을 옹호하고 자유주의자는 뒤의 것을 옹호한다. 자유주의의 가치는 보편적 우월성을 주장하고 다문화주의는 각 문화의 독자적 정체성과 가치를 주장한다. 전자는 합리적 이성을 내세우고, 후자는 공동체적 유대를 강조한다.

한국과 같이 동질적인 사회에서는 이런 것이 학연, 지연 등의 인간

관계로 나타난다. 자기 고향을 사랑하고 같은 연고의 정치인을 선호하는 것은 사람의 자연스러운 감정이다. 문제는 그 정도이다. 합리적 관계를 넘어서는 사적 유대가 지나치면 정치는 퇴락한다. 그러나 공동체적 유대감이 없는 정치를 생각할 수도 없다. 모든 감성적 애착을 바람직하지 않다고 깎아내리는 사람이라도 적어도 정치체 자체에 대한 유대감이 중요하다는 사실마저 부인하지는 않을 것이다. 만약 그렇다면 그 정치체가 유지되기 어렵기 때문이다. 한 국가의 국민이 자기 국가를 사랑하는 것이 애국심이다. 이런 애국심은 정치에서 반드시 필요한 공동체적 유대감이다. 물론 애착이나 충성의 단위가 국가가 아니라 지방 또는 세계일 수도 있다. 하지만 적어도 지금 상황에서 세계에 대한 사랑이 자기 나라에 대한 사랑보다 더 큰 사람은 극소수일 것이다. 지방에 대한 사랑은 조금 다를 수 있어서, 민족 국가에 저항하는 국가 분리 운동 또는 민족 독립 운동이 일어나는 경우가 많다. 이 또한 자신이 속한 일차 집단에 대한 유대감과 애착의 표현이다.

지금까지 우리는 감성 정치에 대해 살펴보았다. 이제 정치의 이성적인 면에 대해 살펴보자. 감성 정치를 여러 측면으로 나누었듯이 이성 정치도 합리적인 판단, 절제, 토론과 대화, 이념과 정책의 몇 가지 측면으로 나누어 볼 수 있다.

첫째, 합리적인 판단이란 적절한 목적을 겨냥하고 이에 적합한 수단을 채택하는 것을 말한다. 판단해야 할 대상으로는 손익 계산과 옳고 그름의 두 가지로 볼 수 있다. 손익 계산은 그야말로 어떤 정치적 선택을 해야 자신이나 정치체에 이로울 것인지를 계산하는 것이다. 이는 냉철한 이성의 작업이며, 감정이 끼어들어서는 안 된다. 그러나 실제로는 이곳에도 감정이 안 끼어들기는 어렵다. 경우에 따라 그 정도가 다를 뿐이다. 그리고 손해와 이익을 따지는 것 자체가 일정한 판단 기준을 전제로 하는 것인데, 그 판단 기준에는 당사자의 가치관이 반드시 들어가게 되어 있다. 그러니 감정이나 가치가 개입되지 않은 냉철한 손익 계산이라는 것은 애당초 어렵게 되어 있다. 예를 들어 한국과 미국이 자유무역협정을 맺었는데, 이것이 한국에 이익이 될 것인가 아니면 손해가 될 것인가? 실제로 시행해 보기 전까지는 알 수 없다. 하지만 시행을 이미 하여 손익의 숫자가 나왔다고 하자. 예를 들어, 대미무역 흑자가 협정 체결 전보다 연간 10억 달러가 늘었다고 하자. 그 대신 농업이 망하고 서비스업이 침체했다고 하자. 그러면 이 결과를 우리는 이익으로 볼 것인가 손해로 볼 것인가? 무역 수치만 따지면 분명히 이익이지만 각 분야의 손익을 절대 수치로 비교할 수는 없다. 그러니 결국 판단은 가치관의 몫이 된다. 이성적인 판단은 정치 행위에서 매우 중요하지만, 이성만으로 되지는 않는 것이 현실이다.

옳고 그름의 판단은 손익 계산보다 가치관과 더 직결되는 문제다. 그리고 정치윤리와도 직결되는 문제다. 정치 행위는 손익 계산의 행위이기도 하지만, 옳은 일을 하고 나쁜 일은 안 하는, 또는 마땅히 그래야 하는 행위이기도 하다. 옳고 그름에 대한 판단은 정치 행위자의 윤리의식과 사회 전반의 윤리기준에 따라 일어난다. 그것은 감정의 지배를 받지 않는 이성의 영역에 속한다고 할 수 있다. 정치 행위자가 자주 마주치는 문제 가운데 하나가 옳은 행위와 이익이 되는 행위가 반드시 일치하지는 않는다는 점이다. 옳음과 이익 가운데 어느 것을 취할 것인가? 마키아벨리라면 이익을 취하라고 하겠지만, 제2장에서 보았듯이 그의 견해가 반드시 '옳은'지는 의문의 여지가 크다.

이 문제는 정치 행위에서 언제나 문제가 되는 명분과 실리의 구분과도 통한다. 명분이 윤리 아니면 큰 뜻이나 사회 전체의 이익에 관련되는 것이라면, 실리는 바로 눈앞에서 나타나는 실제 이익과 관련된다. 어느 것이 정치 행위의 중심이 되어야 하는지에 대해서는 정해진 답을 내릴 수 없다. 그때그때의 상황에 따라, 관련된 이익과 명분의 구체적인 내용에 따라, 그리고 판단하는 정치 행위자의 의식 구조나 가치관에 따라 결정될 문제이다. 하지만 그렇더라도 궁극적인 판단의 기준은 정치의 본뜻, 곧 사회정의의 실현이라는 큰 뜻에 얼마나 부합되는지가 되어야 할 것이다.

정치에서 감정적인 요소가 빠질 수는 없지만 그것이 지나치면 큰 혼란이 올 수 있다. 따라서 정치 행위자는, 정치인이든 일반 국민이든, 감정과 행동을 절제할 수 있어야 한다. 이는 정치 아닌 다른 인간 행동의 경우와 마찬가지이다. 마녀 사냥이나 파시즘적인 동원, 인민재판, 유태인 학살, 그리고 각종 전쟁들이 대중과 정치인의 무분별한 감정 분출로 일어나는 것은 말할 필요도 없다. 정치인은 이러한 대중의 정념을 자신의 이익을 위해 이용하려 들고, 대중은 현실에 대한 불만을 희생양에 대한 한풀이로 갚으려 한다. 이들의 감정적 요구가 결합할 때 정치는 혼란과 비극에 빠지게 된다. 위와 같은 극단적인 경우를 들지 않더라도, 절제 없는 인간 행동이 정치를 바람직하지 않은 방향으로 끌고 가는 경우를 언제나 볼 수 있다. 최근 한국의 예를 들자면 아마 지역주의적 휩쓸림의 투표 성향을 들 수 있을 것이다.

민주주의를 위해서는 특히 정치 행위자들의 절제가 중요하다. 민주주의는 서로 다른 의견과 이익들을 조정하고 타협해서 합의를 이끌어 나가는 정치제도이기 때문이다. 그러기 위해서는 각 이해 당사자들이 감정이나 아집에 휩쓸리지 않고 상대방의 의견과 처지를 이해하거나 존중해야 한다. 이런 정치적 절제가 하루아침에 이루어지는 것은 아니다. 오랜 기간 동안의 훈련을 통해 이루어지는데, 그 훈련은 가정, 학교, 사회, 정치 집단 등 많은 곳에서 이루어져야 한다. 그것이 바로 민주주의 정치 교육인데, 그런 훈련이 민주주의의 안정된 발달을 위해 매우 중요하다.

정치, 특히 민주 정치에서 필수적인 토론과 대화야말로 이성이 힘을 발휘해야 하는 영역이다. 요즘 정치학계에서는 '심의 민주주의'에 대한 논의가 활발한데, 그것은 이해 당사자들과 정치인들이 특정 쟁점들을 놓고 심도 있는 토론과 대화로 '심의'하여 정책 결정에 이른다는 의미이다. 이렇게 되려면 제대로 된 심의가 이루어질 수 있도록 여러 세력에 정보가 공개되어야 하고 심의 과정에 참여할 기회가 주어져야 한다. 하지만 그것으로는 부족하고 그 세력들이 다른 세력들과 그 야말로 이성적으로 심의할 준비가 되어 있어야 한다. 그것이 바로 민주주의 정치문화의 기본이라고 할 수 있다.

정치를 하기 위해서는 이념과 정책이 있어야 한다. 이념과 정책을 개발하는 것은 물론 감성이 아니라 이성의 영역이다. 우리는 정당이 이념과 정책을 가져야 하고 유권자는 후보자의 이념과 정책을 보고 투표해야 한다고 말한다. 옳은 말이다. 하지만 위에서 본 바와 같이 꼭 그렇게 되지 않고 될 수도 없는 것은 우리가 기계가 아니라 감정을 가진 사람이기 때문이다. 현대 정치의 양대 경쟁 이념인 자유주의와 마르크스주의는 모두 인간을 이성적인 존재로 가정하고 있다. 둘 다 근대 서양의 합리주의 전통에 서 있다. 그래서 자유주의는 인간을 경제적 이익을 좇는 합리적 존재로 보았고, 마르크스는 인간의 이성으로 계급 지배를 끝내야 한다고 주장했다. 자유주의는 사람이 손익 계산을 통해 자기가 원하는 바를 선택한다는 '합리적 선택론'을 낳았고, 마르크스주의는 전 세계의 노동자가 국적에 관계없이 단결할 수 있다는 노동자 연대를 꿈꾸었다. 둘 다 현실을 그대로 반영하지는 못한다. '비합리적'인 인간 행위는 합리적인 행위 못지않게 흔하고, 세계대전이 일어나자 전 세계의 노동자는 단결하기는커녕 각자 자기 나라를 위해 싸우는 원수가 되었다. 이들이 못 본 것이 사람들의 감정세계이다.

정치는 인간의 이성과 감성이 복합되어 일어난다. 이성을 앞세우는 것은 바람직한 소망일지는 모르나, 감성을 무시한 정치는 현실과 동떨어지고 그런 정치인은 정치인으로서 실패하기 쉽다. 감성에 치중한 정치는 위험하다. 그러나 감성을 무시한 정치는 존재할 수 없다. 이성에 치중한 정치는 감성에 치중한 정치에 비해 덜 위험하다. 그러나 이성을 지나치게 강조한 정치는 인간의 실생활을 이해하지 못하고 잘못된 처방을 내리기 쉽다. 이 둘의 관계와 조합을 잘 이해하는 정치인이나 정치학자야말로 일급의 정치가, 정치학자일 것이다.

07   세 계 정 치

지금까지 살펴본 정치의 여러 모습은 주로 한 나라 안에서 일어나는 정치에 관한 것이었다. 그러나 정치현상은 나라 안에서만 일어나는 것이 아니고 나라 바깥, 나라와 나라 사이, 그리고 지구 전체에서도 일어난다. 우리는 이를 주로 국제 정치라고 불렀고 최근에는 세계 정치라는 말로 대체했다(그 까닭에 대해서는 나중에 언급할 것이다). 세계 정치는 국내 정치와 '정치'의 본질적인 측면, 곧 권력 다툼이라든가 정의 실현의 목표 같은 점에서 비슷한 부분도 있지만, 또 매우 다른 면도 많다. 정치학 교과서들이 세계 정치 분야를 유독 따로 떼어 하나의 독립 분야로 거론하는 것도 바로 이 까닭 때문이다.

무정부와 질서: 세계 정치의 특징 │ 그러면 세계 정치가 국내 정치와 가장 다른 점은 무엇일까?

그것은 세계 정치의 터에는 강제력을 지닌 중앙 권위체가 없다는 점이다. 그래서 흔히 세계 정치를 무정부 상태(아나키)라고 부른다. 여기서 무정부 상태라는 말은 혼란과 무질서를 연상시키지만, 반드시 그런 뜻이 아니라 문자 그대로 정부가 없는 상태를 일컫는다. 하지만 중앙 권위체인 정부가 없다 보니 국제 사회가 흔히 혼란과 무질서에 빠지는 것도 사실이다. 이런 무질서 상태를 해소하고 질서와 평화를 이루기 위해 많은 학자와 정치가가 고민해 왔다. 그러나 여전히 뾰족한 방안이 마련되지는 못하고 있다. 세계 정치의 본질상 그런 방안이 나오는 것이 어렵게 되어 있다.

중앙 권위체가 없다는 사실은 국제 사회의 구성원들이 국내 정치에서와는 달리 일종의 사회계약에 이르지 못했다는 뜻도 된다. 그러면 왜 세계 정치에는 중앙 권위체가 없을까? 지금까지 국제정치학계에서는 무정부 상태를 당연한 현실로 받아들여 이런 질문을 제대로 하지 않은 것 같다. 세계 정치에서 중앙 권위체가 없는 것은 우선 세계에 너무 다양한 세력이 존재하여 이를 한꺼번에 다스릴 권위체를 만들기가 물리적으로 어렵고, 설사 물리적으로 가능하다고 해도 어떤 권위체를 어떻게 만들 것인지에 대해 구성원들이 합의할 수 없기 때문이다.

하지만 국제 사회가 그야말로 무정부를 지나 무질서 상태가 되면 구성원 모두에게 고통이 되기 때문에 학자와 정책 결정자들은 이를 막기 위해 많은 구상을 했다. 국제 사회에 질서를 부여하는 방법은 여러 가지가 있을 수 있다. 하나는 한 국가나 권력 단위가 막강한 힘을 발휘하여 다른 힘들을 제압하는 것이다. 이런 국가를 우리는 '제국'이라고 한다. 대표적인 경우가 서양의 로마 제국과 동양의 중화 제국이었다. 이 두 제국의 작동 방식이 똑같지는 않았지만, 이들은 막강한 물리력과 이념적 힘을 바탕으로 주변의 이민족들을 정복하거나 제압하여 국제 사회의 질서를 이루었다. 냉전시절의 소련 제국도 비슷한 모습을 보였다. 소련은 1917년 사회주의 혁명이 성공한 뒤 주변 나라들을 힘으로 복속시켜 공산권 안의 질서를 부여한 일종의 제국을 이루었다. 이 공산제국의 질서에 도전하는 경우 무력 침공도 서슴지 않았다. 1950년대 헝가리와 폴란드에서 이런 일이 일어났다. 20세기 후반 미국에서 나온 '패권 안정론'은 국제 사회에 패권국가가 존재하면 그것이 평화 수립에 기여한다는 논리를 전개했다. 이 또한 위 경우와 비슷한 양상이었다. 단지 미국이 그런 패권을 지녔는지는 의문의 여지가 있다 할 것이다.

국제 사회에서 질서를 유지하는 두 번째 방법은 비슷한 국가들끼리 각축할 때 일종의 세력 균형을 이루어 어느 한쪽이 다른 쪽을 공격하지 못하도록 하는 구조이다. 이런 구조는 19세기와 20세기 전반기의 유럽과 20세기 후반기의 동서 냉전 상황에서 나타났다. 19~20세기 전반의 유럽에서는 프랑스, 독일, 오스트리아, 이탈리아, 러시아 등이 비슷한 세력으로 각축했다. 국제정치학에서 말하는 이른바 다극체제다. 이들은 상황에 따라 서로 동맹을 맺기도 하고 파기하기도 하면서 어느 한쪽이 막강해지는 것을 막으면서 균형을 이루었다. 여기에 대륙에서 약간 떨어진 섬나라 영국이 균형자 역할을 하면서, 한쪽이 강해지는 것을 견제했다. 이런 균형을 깨뜨리기 위해 도전하는 국가가 촉발한 것이 두 번에 걸친 세계대전이었다고 할 수 있다.

제2차 세계대전 이후 형성된 냉전체제에서는 미국 진영과 소련 진영이 팽팽한 힘의 균형을 유지하면서 국제체제에서 일종의 질서를 잡았다. 국제정치학에서 말하는 양극체제다. 특히 핵무기의 가공할 파괴력 때문에 두 진영은 서로 으르렁거리면서도 상대방을 공격하지 못했다. 이들은 자신의 영역을 확보하고 하위 동맹자들과 각각 동맹을 맺어 서로 대치했다. 서방의 북대서양조약기구(NATO)와 공산권의 바르샤바조약기구가 동맹의 결실이었다. 한국과 미국 사이에 맺어진 한미동맹, 미국과 일본 사이의 미일동맹도 마찬가지 역할을 했다. 양 종주국들은 핵무기의 위협과 전쟁의 폭발력 때문에 직접 충돌하지는 않고 오히려 자신의 위성이나 '괴뢰'를 통해 힘의 각축을 벌였다. 한국의 6·25전쟁도 반드시 그런 것은 아니었지만 그런 성격이 있었다고 할 수 있다. 한반도에서 남한과 북한이 지금껏 벌여 온 경쟁과 긴장도 이런 힘 균형의 일종이라고 할 수 있다. 전쟁이 끝난 뒤 남북한 어느 한쪽도 절대적인 힘의 우위를 점하지 못하고 불안한 대치 상태를 오래 계속했다. 이 또한 작은 수준에서 일어난 세력 균형이라고 할 수 있다.

다극체제이든 양극체제이든 문제는 이런 세력 균형이 본질적으로 불안하다는 사실이다. 체제 구성원 가운데 어느 하나라도 현상에 불만을 품고 이를 타파하겠다고 나서면 큰 혼란에 빠질 수 있다. 양차대전이 그런 것이었다. 제2차 세계대전은 독일이 제1차 세계대전 패전에 따른 배상금의 부담과 경기 침체를 타파하고 독일인의 '생활권'을 확보하기 위해 현상 수정을 시도한 결과 터진 것이었다. 태평양전쟁 역시 군국주의화한 일본이 태평양의 기존 힘 질서를 타파하기 위해 미국 하와이의 진주만을 기습 공격함으로써 시작되었다. 이와 같이 세력 균형은 오래 지속되리라는 보장이 없기 때문에, 많은 사람이 그보다 더 지속적이고 확고한 세계 질서와 평화의 길을 찾기 위해 노력해 왔다. 국제법과 국제윤리, 또 국제기구를 통한 길이 바로 그것이다. 현실주의자들은 이런 노력들을 소용없는 짓이라고 생각하고 국제 체제에서 힘의 논리가 가장 강력하다고 생각한다. 그래서 그들은 나라 안에서는 부국강병을 주장하고 나라 밖으로는 세력 균형을 통한 질서 유지를 주장한다. 그 반면 국제법이나 국제기구를 통한 세계 평화를 꿈꾸는 사람들은 이상주의자이자 자유주의−다원주의자라고 할 수 있다. 이런 맥락에서 18세기에 후고 그로티우스가 국제법의 중요성을 갈파했으며, 독일의 칸트와 프랑스의 루소는 세계 정부를 통한 영구 평화를 구상했다.

 이러한 노력이 구체적으로 현실화된 것은 제1차 세계대전이 끝난 뒤 창설된 국제연맹이었다. 그러나 국제연맹은 그 결정을 회원국에 부과할 아무런 강제력도 지니지 못했고, 강대국들이 만장일치를 통해 정책 결정을 하도록 하는 비현실적인 규정을 마련했으며, 중요한 강대국인 미국이 불참하는 등 한계가 너무 컸다. 그 결과 나치 독일의 부상과 그가 벌인 침략전쟁을 막을 힘이 없었다. 이런 한계를 인식하고 제2차 세계대전 이후 창설된 국제연합은 더 현실적인 평화유지 방법들을 강구했다. 안전보장이사회에서 5대 강대국들이 상임이사국을 맡게 함으로써 그들의 우월적 지위를 인정한 반면, 총회에서는 각 나라에 평등한 투표권을 부여하여 평등 주권 개념을 확립했다. 실제로 국제연합 총회는 약소국들이 자신의 주장을 홍보하고 관철시키는 중요한 무대로 이용되고 있다.

국제기구나 국제법의 효능에 대해서는 다양한 의견이 있을 수 있다. 먼저 현실주의자들은 국제 사회가 여전히 국가 단위의 물리력에 의존하므로 국제기구의 역할은 부수적이거나 무시할 정도라고 생각한다. 그 반면 자유주의자들은 국가의 역할이 점차 작아지는 현실에서 국제기구의 역할이 점점 더 중요해진다고 생각한다. 지금도 특정 강대국의 의지에 따라 국제연합을 비롯한 국제기구나 국제법의 역할이 무시되는 경우가 많다. 예를 들어, 미국이 2003년 이라크를 침공했을 때 국제연합 안전보장이사회의 승인을 받지 않았다는 비난이 끊이지 않았다. 미국의 일방주의가 국제연합의 권능을 짓밟았다는 것이다. 하지만 달리 생각하면 이런 비난이 끊이지 않는다는 사실 자체가 국제연합의 권능에 대한 국제적 합의가 있음을 보여 준다고 할 수 있다. 국제기구는, 주권 국가의 특정 행동을 언제나 제어할 수 있는 것은 아니지만, 평상시에 국제 사회의 규범과 질서를 규정하고 회원국들의 준수 의무를 강요하는 도덕적인 힘을 가진다고 할 수 있다.

국제 사회에 질서를 부여하는 궁극적인 방법은 세계 정부를 구성하는 일일 것이다. 많은 사람이 그전부터 이런 꿈을 꾸어 왔다. 그러나 현실은 이를 용납하지 않는다. 국가의 권리와 이익을 세계 정부에 양도할 수 있을 만큼 국가의 힘이 빠지지 않았기 때문이다. 앞으로도 그럴 가능성이 커보이지는 않는다. 더구나 설사 세계 정부를 구성한다고 해도 그것은 '민주' 정부여야 할 터인데, 세계 구성원의 힘이 지극히 불평등한 현실에서 그것이 어떻게 가능할 것인지, 쉬운 일이 아니다. 자칫하면 세계 정부가 또 다른 형태의 관료 국가나 세계 제국이 될 수도 있다는 말이다. 어쨌든 무질서를 극복하려는 세계 구성원들의 노력이 세계 정부 구성으로까지 나아가고 있음은 주목할 만한 일이다.

전쟁과 평화 | 인류 역사는 전쟁으로 점철되었다. 저명한 군사이론가인 카를 폰 클라우제비츠는 전쟁을 또 다른 수단의 외교라고 규정하기까지 했다. 지금도 전쟁과 분쟁은 세계 곳곳에서 계속되고 있다. 전쟁이 국가 단위의 것으로 좀 더 큰 규모라면, 분쟁이나 내전 같은 것들은 그보다 작은 단위의 무력 갈등이라고 할 수 있다. 여기서는 이들을 한꺼번에 거론하고자 한다.

사람들은 왜 전쟁을 일으킬까? 많은 사람이 이를 규명하기 위해 노력해 왔다. 우선 사람의 타고난 공격성을 들 수 있다. 타고난 공격성은 사람뿐만 아니라 대부분의 동물에서 볼 수 있는 현상이다. 사람의 공격성은 다른 동물의 경우와는 달리 문화적, 사회적으로 순화될 수 있지만, 특정 상황에서는 그것이 바깥으로 분출된다. 달리 말하면, 사람의 공격성은 언제나 분출될 수 있는 것이어서 그것을 완전히 억제하는 것은 불가능하다. 그런 공격성이 국가 단위에서 나타난 것이 전쟁이라고 볼 수 있다. 그러나 이런 이론은 너무 일반적이어서 전쟁의 원인을 규명하는 데 별 도움이 되지 않는다. 더구나 개별적인 특정 전쟁의 원인 규명에는 아무런 쓸모가 없다.

개인 차원에서 밝힐 수 있는 전쟁 원인은 다른 데서도 볼 수 있다. 예를 들어 특정 지도자의 개인적 특성을 들 수 있다. 그의 정신병리적 측면이라든가 역사에 이름을 남기고 싶은 공명심, 자기 아버지를 죽인 다른 나라 왕에 대한 복수심 등등을 들 수 있다. 그리스 신화에 나오는 숱한 전쟁이나 유럽 왕조시절에 일어났던 전쟁들에서 이런 모습을 볼 수 있다. 또 제2차 세계대전을 일으켰던 히틀러의 심리 상태 같은 것을 좋은 연구 대상으로 할 수도 있다. 이런 개인 심리 또는 기질에 대한 연구는 특정 전쟁의 원인을 규명하는 데 좋은 참고가 될 수 있다.

차원을 조금 크게 잡아 국가 차원에서 전쟁 원인을 규명해 볼 수도 있다. 가장 대표적인 것으로 "민주 국가끼리는 전쟁을 한 적이 없다"는 미국 국제정치학계의 한 명제를 들 수 있다. 이는 사실이다. 모든 전쟁은 비민주적인 국가끼리나 아니면 민주 국가와 비민주 국가 사이에서 일어났다. 그런데 사실 민주 국가의 역사가 그리 오래지 않기 때문에 이는 좀 더 시간을 두고 볼 일이다. 위 명제에 따르면, 민주 국가가 전쟁을 안 일으키는 이유는 국민 여론이 전쟁을 원하지 않기 때문이라는데, 그 또한 반드시 그런지 생각해 볼 일이다. 그리고 서양 민주 국가들은 역사상 수많은 침략을 했다. 민주 국가가 다른 민주 국가를 침략하지는 않았지만, 비민주 국가인 약소국과 약소 민족을 침략했다. 이것이 바로 제국주의인데, 서양 민주 국가의 제국주의적 침략은 국민 여론의 뒷받침을 받았다. 그들이 국제 사회의 일원으로 인정하지 않은 미개 민족에 대한 침략은 침략으로 보지 않았기 때문이다. 오히려 미개인을 일깨워 줘야 할 '백인의 부담'으로 보았다.

국가 차원에서 전쟁 원인을 규명하는 다른 강력한 주장은 자본주의 체제의 침략성에 주목하는 마르크스주의라고 할 수 있다. 마르크스는 잘 알다시피 자본주의의 팽창 본능이 시장확대를 위해 국가들 사이의 충돌을 일으킨다고 보았다. 그것이 자본주의 국가가 일으키는 전쟁의 근본 원인이라는 것이다. 마르크스주의자들은 두 차례에 걸친 세계대전을 모두 이런 관점에서 파악한다. 그뿐만 아니라 제3세계에 대한 미국의 제국주의적 간섭 역시 미국 기업과 자본의 이익에 따라 일어나는 것이라고 본다. 그들은 한동안 지속된 소련을 비롯한 공산 진영의 존재도 궁극적으로는 자본주의 세계 체제의 일부로 파악한다. 특히 이매뉴얼 월러스틴의 세계체제론이 그런 관점을 취한다. 마르크스주의에 따르면 세계 자본주의 체제가 타도되지 않는 한 전쟁은 끊이지 않을 것이다. 이런 이론은 자본주의 세계에서 일어난 여러 전쟁의 원인을 규명하는 데 중요한 역할을 한다. 실제로 다국적기업들의 이익이 여러 나라의 국내 정치과정이나 국가 간의 전쟁 발발에 크고 작은 역할을 했다는 사실은 부인할 수 없다. 그러나 모든 전쟁의 원인을 자본주의 구조나 경제적 요인에서 찾는 것은 명백한 한계가 있다. 예를 들어, 6·25전쟁의 발발이 미국 군수산업의 팽창 필요 때문이거나 자본의 다른 어떤 이익 때문이었다고 주장하는 사람이 있다면 그는 웃음거리가 될 것이다. 더 일반적으로, 전쟁의 원인을 경제적 요인에서 찾는 것은 경제적 요인이 아닌 다른 원인으로 일어난 수많은 전쟁을 무시하는 결과가 될 것이다. 단지 자본의 이익을 위해 전쟁이나 무력 침공도 불사하는 것이 자본주의 작동 원리의 한 핵심인 것만은 분명한 사실이다.

국제정치학계에서는 전쟁의 원인을 개인적 속성이나 국가의 성격에서 찾지 않고 국제체제 자체의 성격에서 찾는 이론이 강한 힘을 발휘한다. 이른바 구조주의적 현실주의론이라 할 수 있는 전쟁론이다. 위마르크스주의론도 사실은 국내체제뿐만 아니라 세계체제 전체에 적용되므로 이 차원에도 해당된다고 할 수 있다. 케네스 월츠를 대표자로 하는 이 '구조적' 현실주의론은 예를 들어, 양극체제에서는 전쟁이 안 일어나고 다극체제에서는 전쟁이 자주 일어난다는 식의 이론이다. 위에서 본 패권 안정론도 이런 맥락에서 이해할 수 있다. 이 구조적 현실주의론 또한 국제체제의 성격이 한 국가의 대외 정책에 어떤 영향

을 미치는지를 파악하는 데 중요한 시사점을 줄 수 있다. 그러나 역사
상 일어났던 수많은 전쟁의 원인을 일반적으로 제시하는 데에는 한계
가 있을 수밖에 없다. 전쟁의 요인은 그만큼 다양하고 구체적인 상황
에 따라 성격이 다르기 때문이다.

　위에서 살펴본 각 차원에서의 여러 전쟁 원인론 가운데 어느 것이
가장 우월한지를 따지기는 매우 어렵다. 그런데 가장 보편적인 것은
아무래도 국가들 사이의 힘의 경쟁이 전쟁을 유발한다는, 얼핏 보면
매우 상식적인 생각일 것이다. 사실 이는 '고전적' 현실주의 국제정치
론의 핵심이라고 할 수 있다.* 한스 모겐소는 세계 정치를 각 국가들
이 힘을 획득하기 위한 경쟁과정으로 파악하고 전쟁을 그 과정에서
일어나는 필연적인 산물로 본다. 힘의 경쟁 또는 힘겨룸은 비단 국가
만이 아니라 모든 사회 단위 심지어 모든 생명체에 다 존재하는 현상
이다. 이 책의 서두에서 본 정치의 핵심, 곧 권력투쟁의 다른 표현이
다. 다시 말해 전쟁은 국가들 사이에 일어나는 권력투쟁의 가장 폭력
적인 형태일 뿐이다. 그 권력투쟁이 인간의 일상적이고 본성적인 현상
이기 때문에 전쟁 또한 일상적이고 본성적인 것이라고 할 수 있다. 개
별 전쟁의 원인들로는 위에서 본 여러 요인 가운데 어느 하나가 가장

*

현실주의 국제정치론들은 모두 국가 사이의 힘겨룸에 초점을 맞추지만, 그 가운데 20
세기 중반에 영미 학계에서 나온 고전적 현실주의론은 개별 국가들 사이의 관계나 개인
외교가나 정치가의 정책, 행동에 주 관심을 둔 반면, 1970년대 이후 미국에서 나온 구
조적 현실주의론은 국제체제의 구조 자체에 초점을 맞춘다.

중요할 수 있겠지만, 동서고금을 막론하고 모든 전쟁에 가장 보편적으로 적용될 수 있는 이론이 바로 이 국가 간 힘겨룸론 또는 권력투쟁론이라고 할 수 있는 것이다.

전쟁의 원인을 이해하면 전쟁을 방지하고 평화를 이루는 수단에 대해서도 알게 된다. 먼저 전쟁이 사람의 공격성에서 나온다고 믿으면 평화를 위해서는 그 공격성을 순화시킬 장치를 찾아야 한다. 인간성의 종교적, 문화적 순화, 평화 교육의 확대, 서로 돕는 정신의 고양, 다른 문화에 대한 이해 등의 수단을 강구할 것이다. 민주 국가가 전쟁을 안 일으킨다고 믿으면 비민주 국가를 민주 국가로 만들기 위해 노력해야 할 것이다. 민주화는 다른 까닭 때문에도 이루어야 하지만, 이 이론에 따르면 전쟁을 막기 위해서도 이루어야 한다. 양극체제나 다극체제 등 국제체제의 특별한 성격이 전쟁을 더 잘 유발한다고 믿으면 전쟁을 방지하기 위해 국제체제의 성격을 바꾸어야 할 것이다. 그러나 국제체제의 성격은 인위적으로 바꾸려고 한다고 바뀌는 것은 아니다. 세계대전이나 공산권 몰락 같은 특별한 사건이 있어서 갑자기 바뀌거나 기술 발달이나 나라들 사이의 관계가 바뀌어 점진적으로 조금씩 바뀌는 것이다. 따라서 이 이론에 따르자면 국제체제 자체를 바꾸는 것보다는 이미 있는 체제 안에서 전쟁의 원인을 줄여 나가는 방법을 찾아야 할 것이다.

현실주의 이론은 국가 간의 힘겨룸을 전쟁의 근본 원인으로 보기 때문에 이런 힘겨룸을 완화할 방도를 찾아야 한다. 세력 균형론이나 패권 안정론이 이에 해당한다고 볼 수 있는데, 이것들은 강대국들 사이의 힘의 균형을 지향하거나 패권국이 질서를 부여해야 한다는 생각이다. 어떻든 힘 투쟁을 현실 그대로 인정하고 거기서 전쟁 방지나 평화의 기초를 찾으려고 하는 것은 한계가 명백해 보인다. 세계 평화의 정착을 위해서는 그보다 더 적극적인 방도를 찾아야 한다. 국제연합이나 기타 수많은 국제기구를 통해 전쟁을 방지하고 세계 구성원들 사이의 상호 이해를 증진하며 인권을 신장하고 빈곤을 타파하려는 시도들은 매우 값지다. 물론 이런 노력들이 한계가 있고 세계 평화를 제도화하는 데 아직도 갈 길이 먼 것도 사실이다. 국가들 사이의 힘겨룸 속에서 국제기구나 국제 윤리의 증진을 통한 평화 정착이 근원적인 한계가 있는 것도 사실이다. 다시 말해 이상주의자들이 꿈꾸는 영구 평화는 오지 않을 것 같다. 하지만 그렇더라도 그런 이상을 향해 꾸준히 노력하는 것이 중요하다. 노력한다고 해서 언제나 합당한 성과를 거둘 수 있지는 않을지 몰라도, 노력하지 않는 것보다 더 많은 성과를 거둘 수 있는 것은 확실하다.

강대국과 약소국 | 지금까지의 국제 정치 이론은 대부분 강대국에서 나온 것이기 때문에 강대국의 관점을 대변하는 것이 당연하다. 양극체제니 다극체제니 하는 것들은 모두 강대국들 사이의 관계를 일컫는다. '극'이라는 것이 곧 강대국을 말하는 것

이기 때문이다. 따라서 전쟁과 평화에 관한 이론들도 모두 강대국들 사이의 전쟁과 평화에 관한 것들이다. 강대국들 사이의 세력 균형, 강대국들 사이의 평화 협정, 강대국들 사이의 외교사, 이런 것들이 지금까지의 국제정치론이다. 국제체제의 성격을 강대국들의 관계가 대부분 규정하니 어쩌면 당연한 일일지도 모른다. 실제로 국제정치학 이라는 학문 자체가 미국의 외교적, 국제정치적 필요에 따라 만들어 진 학문 분야라고 할 수 있다.

한국의 국제정치학자들도 이런 강대국, 특히 미국의 시각과 관점을 여과 없이 받아들이고 있다. 그 결과 한국의 현실에 맞는 국제정치론은 찾아보기 어렵다. 사실 이런 현상은 다른 모든 정치학이나 사회과학 분야에서도 마찬가지라고 할 수 있다. 1970년대에 국내에서 '약소국 외교'에 관한 관심이 잠깐 일어난 적이 있다. 한국은 약소국이기 때문에 당연히 이런 관심이 있어야 한다. 그런데 알고 보면 이런 관심도 미국 학계에서 약소국 외교에 대한 관심이 일었기 때문에 그것을 그대로 받은 것이었다. 미국에서 약소국 외교에 잠깐이나마 관심을 갖게 된 것은 당시 있었던 동서냉전과 비동맹운동 때문이었다. 소련 과의 경쟁 속에서 비동맹 국가나 약소국들을 자기편으로 끌어들이기 위해서는 그들에 대한 연구가 필요했던 것이다.

제2차 세계대전 이후 세계가 자본주의 진영과 공산주의 진영으로 양분되자, 어느 쪽에도 끼지 않고 독자적인 외교를 추구하려는 움직임이 일었다. 바로 1950년대에 시작하여 1970년대까지 번성했던 '비동맹운동'이다. 인도, 인도네시아 등이 주도한 비동맹운동은 동서 두 진영 사이에서 그들 나름대로의 결집된 힘을 통해 자신의 이익을 추구하려는 움직임이었다. 사실 그들은 국제연합 등을 통해 국제적인 발언권을 높이고 자신의 이익을 상당히 얻어 내었다고 할 수 있다. 한국은 미국의 동맹국이라 물론 이 흐름에 합류할 수 없었다. 동서냉전이 끝난 지금은 비동맹운동이 의미를 잃게 되었고, 인도 같은 나라는 새로운 강대국으로의 지위 향상을 위해 노력하고 있다.

비동맹운동과 밀접히 관련된 것이 자본주의 선진국들에 대한 후진국들의 경제적 요구였다. 이는 선진국이 후진국을 식민지화했거나 착취했기 때문에 마땅히 경제적인 보상을 해야 한다는 논리에서 출발했다. 그래서 원조를 늘리고 교역조건을 개선하여 후진국의 경제적, 사회적 발전에 선진국이 일정한 부담을 지라는 요구였다. 실제로 선진국은 후진국의 자원을 불공정하게 뺏어 가고 다국적기업 등을 통해 노동력을 착취하고 국내 정치에 간섭하는 등 불공정한 행동을 많이 했다. 후진국들은 이에 대한 보상을 요구했던 것이다. 이에 미국과 소련은 각각 자신의 영향권을 넓히기 위해 원조경쟁을 벌이기도 했다. 이런 이른바 '남북문제'는 당시 냉전이라는 동서문제와 맞물리어 세계 정치의 양대 쟁점을 구성했다.

남북문제를 약소국의 처지에서 가장 강력하게 제기한 것이 '종속이론'이라는 것이었다. 그것은 선진 자본주의가 후진 남미 지역에 침투하여 저발전을 심화시키고 노동력을 착취하고 빈부격차를 심화시키며 독재 정권을 비호한다는 주장이었다. 물론 종속적 구조 속에서도 산업 발전이 일어났음을 인정한 종속이론의 부류도 있었다. 종속이론은 남미뿐만 아니라 미국 학계에도 상당한 영향을 미쳤다. 동아시아의 '네 마리 용'(한국, 타이완, 홍콩, 싱가포르)이나 브라질 등 남미의 경제 발전을 두고 종속이론이 틀렸다고 주장하는 경우도 많지만, 그것이 제시한 근본 문제들은 아직도 유효한 것으로 보인다. 한국의 경우는 중남미와는 달리 종속이 다국적기업에 대한 경제 종속이 아니라 주로 미국에 대한 군사적 종속으로 나타났지만, 세계화 시대의 도래 이후 외국이나 외국 자본에 대한 경제 종속이 심화되고 있음도 사실이다. 물론 세계화론에서는 이를 종속이 아니라 '개방'으로서 바람직한 현상으로 보기 때문에, 종속이론과는 기본적인 관점의 차이가 있다고 할 수 있다.

약소국의 처지에서 보면 국제 정치는 강대국들끼리 힘의 각축을 하는 와중에서 치이거나 편승하거나 고립됨으로써 이익을 보거나 손해를 보는 과정이고 또 그 구조이다. 따라서 약소국의 처지에서는 국제 체제의 구조 그 자체보다는 그 구조가 자신에 어떤 영향을 주는지에 더 관심을 가져야 한다. 다시 말해, 약소국의 국제정치학은 강대국과는 달리 일반론보다 특수론에 더 관심을 집중해야 한다. 전쟁의 원인을 보기로 들자면, 전쟁의 보편적이거나 일반적인 원인보다는 약소국 자신이 처한 전쟁이나 평화의 구체적인 문제에 더 관심을 가질 수밖에 없다. 한국의 경우, 북한과의 대치, 일본이나 중국과의 갈등 혹은 협력, 한미동맹의 성격과 구조 등에 일차적인 관심을 가질 수밖에 없고, 또 실제로 그렇기도 한다.

국가와 다른 행위자들 | 최근 30~40년 사이에 세계 정치의 성격이 많이 달라졌다. 두 가지 대표적인 변화가 있는데, 그것은 국가 아닌 비국가 행위자들의 역할이 커졌다는 사실과 군사, 안보 분야가 지배하던 현실이 바뀌어 경제, 문화, 환경 등 다른 여러 분야의 중요성도 커졌다는 사실이다. 이 두 사실은 서로 밀접하게 맞물려 있다. 현실주의 국제정치학의 기본 가정은 국제 정치가 국가들 사이에서 일어난다는 점이었다. 그러나 이 책에서도 이미 지적했듯이 세계 정치가 국가들 사이의 관계만으로 이루어지는 것은 아니다. 국가 외에도 다양한 비국가 행위자들이 다양한 여러 분야에서 세계 정치에 참여한다. 대표적으로 국제기구, 비정부기구, 그리고 다국적기업을 들 수 있다. 국제 사회에서 환경, 인권, 여성, 빈민 구호 등 다양한 분야에 걸쳐서 활동하는 비정부기구들이 시간이 지날수록 점점 더 큰 역할을 하고 있다. 환경 문제의 비정부기구로는 그린피스 같은 단체가 유명하며 옥스팜 같은 국제 빈민 구호 기구도 널리 알려져 있다. 기타 세계 여성 단체 등 다양한 단체를 예로 들 수 있다. 이에 덧붙여 다국적기업들의 이익이 여러 나라 안에서 점점 더 큰 비중을 차지하게 됨에 따라 이들의 활동이 세계 정치와 국제 경제에 미치

는 영향도 점점 더 커지고 있다. 이제 더 이상 세계 정치를 국가들 사이에서만 벌어지는 현상이라고 간주하기 힘들게 되었다. 세계 정치의 영역이 과거에 비해 훨씬 더 광범위해졌고, 이들 영역에서 활동하는 행위자들도 더 다양해진 것이다. 이런 다양한 영역과 행위자의 비중을 강조하는 관점은 흔히 자유주의 또는 다원주의의 관점이라고 불린다. 이는 국가 중심의 현실주의 접근법과 함께 현재 국제정치학의 양대 시각 또는 접근법으로 간주된다.

이렇게 국제 정치의 다양한 행위자를 어느 정도까지 인정하는지에 따라 현실주의자와 자유주의자의 관점이 갈라진다. 이는 또한 국가의 비중과 역할이 과연 어느 정도까지 약화되었는지에 대한 견해 차이로 나타나기도 한다. 예를 들어, 요사이 흔히 얘기하듯이 세계화의 영향으로 국가의 비중이 얼마나 약화되었는지는 확언하기 어렵다. 한편으로 생각하면, 세계 정치의 영역이 국가들의 의도나 행동에 따라 결정될 수 없을 만큼 확대되고 다양해진 것도 사실이지만, 다른 한편에서 보면 그래도 여전히 국가 행위자가 다른 행위자들보다 더 힘 있고 중요하다는 사실도 인정하지 않을 수 없다.

행위자의 다양성 증가는 세계 정치 영역의 다양성 증가와 맞물린다. 이전에는 세계 정치의 주요 관심사가 안보와 군사 문제, 곧 '상위 정치'였다면 이제는 한 발 더 나아가 경제, 문화, 인권, 환경 등 다양한 영역의 '하위 정치'로까지 확대되었다. 실제로 초강대국들 사이에서 일어날 수 있는 핵전쟁의 두려움이 한풀 꺾인 요즘 와서는 뒤의 문제들이 앞의 문제들 못지않게 세계 정치의 중요한 영역으로 간주된다. 여기서 상하위 정치의 구분은 중요성의 상하 구분이라기보다는 강한 권력 정치와 상대적으로 부드러운 쟁점 영역의 구분이라고 봐야 할 것이다.

세계의 다양한 쟁점을 국가 단위의 상호작용으로만 해결할 수 없다는 사실은 명백하다. 예를 들어, 지구의 미래를 위협하는 가장 중요한 문제로 떠오르고 있는 지구 온난화의 문제를 해결하기 위해서는 각국 정부들 사이의 합의가 가장 중요하겠지만, 각 나라의 이해관계가 엇갈리기 때문에 뚜렷한 해결책을 찾기가 쉽지 않다. 이럴 경우 지구를 보존하기 위한 세계 시민단체, 즉 비정부기구의 역할이 중요해지지 않을 수 없다. 핵무기 확산이라는 또 다른 중요한 문제는 핵무기를 정부가 독점하고 있기 때문에 시민단체의 영역에까지 확대되는 데 한계가 있을지 모르나, 이런 문제에 있어서도 그린피스 같은 환경 단체들의 핵무기 확산 반대 운동이 세계 여론을 일으키면서 상당한 구실을 할 수 있다. 더구나 빈민구제나 의료봉사 같은 구호, 원조 활동들은 세계 시민단체들이 더 적극적인 역할을 할 수 있는 영역이다. 이들이 국제연합 같은 정부 간 국제기구와 협력하여 세계 평화의 증진에 이바지할 수 있는 여지는 매우 크다.

다국적기업은 또 다른 성격의 국제 행위자라고 할 수 있는데, 이들의 팽창 욕구와 활동이 세계 정치나 국내 정치의 모습들에 미치는 영향 또한 무시하지 못할 정도이다. 이들은 자기 이익을 증진하기 위해 공식적, 비공식적인 여러 방법을 통해 특정 국가의 정책에 영향을 미치거나 국가들 사이의 관계에도 상당한 영향을 미친다. 1970년에 등장한 칠레의 아옌데 사회주의 정권에 대한 국제전신전화회사(ITT)의 방해 공작이 한 대표적인 보기이며, 동아시아 외환위기 사태에 대한 국제 투기자본의 영향도 다른 좋은 보기가 될 것이다. 미국 외교 정책의 가장 강력한 비판자로 이름 높은 놈 촘스키는 미국 정부와 미국 기업들이 자신의 이익을 지키기 위해 다른 나라에 어떤 불법행동과 비윤리적인 공작을 펼쳤는지를 상세히 조사하여 기술하고 있다. 굳이 그런 예를 들지 않더라도 기업과 금융자본의 이익이 세계 정치에 영향을 미칠 뿐만 아니라 한 발 더 나아가서 세계 정치의 중요한 한 구성요소로 자리 잡은 사실은 분명하다.

이러한 현실을 반영하여 요사이는 국제 정치 대신에 '세계 정치' 또는 '지구 정치'라는 말을 많이 사용한다. 그전에는 '국제관계'라는 말도 많이 사용했다. 국제관계는 세계 정치에 비해 좁은 의미의 정치만 아니라 경제, 문화 등의 관계도 포함하는 의미를 지니기 때문에 더 포괄적인 용어라고 할 수 있다. 하지만 그것은 여전히 국가들 사이의 관계라는 뜻이 강했다. 이에 비해 세계 정치 또는 지구 정치는 비단 국가들뿐만 아니라 비국가 행위자들을 포함하는 세계 또는 지구에서 일어나는 정치라는 뜻이기 때문에 현실을 더 정확히 표현한다.

국가, 권역화, 세계화, 세계 시민 | 세계 정치에서 보이는 행위자와
쟁점 영역의 다양화는 특히 세
계화 현상과 더불어 더 중요해졌다. 세계화란 세계의 다양한 현상이
국가 경계를 넘어 지구 전체로 확대되는 현상을 말한다. 그래서 이를
흔히 지구화라고도 한다. 세계화는 보는 관점에 따라서는 요사이 생
긴 현상이 아니라 근대 사회의 형성 이후, 다시 말해 서구 세력이 다
른 지역으로 팽창하면서 시작된 것이라고 할 수 있다. 그러나 요즘 와
서 세계화라는 용어가 특히 관심을 끌게 된 것은 국제 경제, 특히 금
융의 흐름이 국경을 넘어 확대되는 속도가 매우 빨라졌기 때문이라고
할 수 있다. 그래서 흔히 뭉뚱그려서 세계화라고는 하지만 부문에 따
라서 그 진행 속도가 매우 다르며 지역에 따라서도 다르다. 예를 들
어, 자본의 이동은 매우 세계화되었지만, 노동의 이동은 국가 경계의
제한을 크게 받으며, 정치와 군사 영역 또한 국경을 넘은 단위에서 이
루어지기가 쉽지 않다.

세계화론의 중요한 명제가 국가 주권이 약화된다는 것인데, 이런
현상이 많은 분야에서 일어나는 것은 사실이다. 자본과 금융의 흐름
에 대해 국가 주권이 미칠 수 있는 힘이 이전에 비해 매우 약화되었으
며, 자유무역의 신장에 따라 상품의 국제적 흐름도 국가 주권의 간섭
을 덜 받게 되었다. 문화 흐름에서도 강대국 문화의 세계적 전파 속
도가 심화되고 있으며, 국가 주권의 간섭이 매우 심한 인구 이동 또한
합법, 불법 이동을 합쳐 점점 더 늘어나고 있다. 이런 모든 점을 볼 때

국가 간 경계가 엷어지고 세계가 점점 더 '지구촌'처럼 되어 가는 것은 부정할 수 없다.

그러나 다른 측면에서 보면 국가, 민족 경계와 국가 주권이 여전히 굳건하게 유지되고 있다. 비근한 예로 냉전 종료 뒤에 민족 국가의 숫자가 오히려 늘어났으며, 국가 안에서 민족 독립을 외치는 움직임도 수그러들 줄 모른다. 문화가 세계화되는 만큼 문화 정체성을 추구하려는 욕구 또한 강해지고 있으며, 민족들 사이, 종족들 사이의 분규 역시 끊이지 않는다. 미국의 패권적 외교는 더 강해졌으며 중국의 성장과 자기주장 역시 강화되고 있다. 동북아시아에서 한국, 중국, 일본 세 나라 사이의 민족주의적 긴장은 전혀 약화되지 않고 있다. 이런 점들을 감안하면 국가나 민족의 경계가 흐려지고 국가 주권이 약화되고 있다는 주장은 과장된 측면이 크다고 할 것이다. 금융을 중심으로 한 경제 분야에서 세계화가 가장 진행되고 정치나 군사 부문에서는 국가 주권의 약화에 명백한 한계가 있을 수밖에 없다.

이런 점에서, 세계의 다양한 문제를 해결하기 위한 국가 역할의 적합성에 대해 다시 생각하게 된다. 세계화, 지방화 주창론자들이 흔히 하는 말 가운데 "국가는 세계 문제를 다루기에는 너무 작고 지방 문제를 다루기에는 너무 크다"는 말이 있다. 어느 정도 일리가 있는 말이다. 그래서 각 국가는 지방화를 추진하고 세계화를 함께 추진한다. 기후 문제나 핵 확산 방지 문제들은 국가 단위로 다루기에는 너무 큰 문제이고, 각 나라 안의 지방 문제들은 국가 단위보다는 지방 단위로

넘기는 것이 더 효율적이다. 그러나 그렇다고 해서 물론 국가의 역할이 사라지는 것은 아니다. 단지 국가의 역할을 더 큰 단위나 더 작은 단위로 상당 부분 이양하는 것이 효율적이라는 말이다.

그래서 여러 국가는 '권역화'를 추구한다. 유럽 국가들은 경제 공동체에서 출발하여 정치 공동체로까지 이르는 유럽연합을 탄생시켰고, 동남아시아 국가들은 주로 경제 공동체 역할을 하는 동남아시아국가연합(ASEAN)을 결성했다. 중남미와 아프리카 국가들 역시 비슷한 종류의 지역 공동체를 결성하거나 그런 노력을 기울이고 있다. 그 가운데 가장 앞선 경우가 유럽연합이라고 할 수 있는데, 그곳에서는 관세를 없애고 공동 화폐를 사용하는 등 경제적 통합을 거의 이루었다. 정치적으로도 상당한 동질성을 이루었으나, 유럽헌법을 채택하는 데에는 실패하여 정치 통합으로까지는 이르지 못하고 있다. 또 2016년에는 영국이 탈퇴를 결정하여 큰 타격을 입었다. 우리가 위치한 동북아시아에서도 이를 본받아 동북아 공동체를 결성하자는 움직임이 있으나, 가능성은 별로 없어 보인다. 유럽은 물론이고 중남미나 아프리카, 동남아시아 국가들은 그들 사이의 동질성이 상당히 높은 편이다. 문화, 역사, 인종, 정치, 경제 등 거의 모든 영역에서 그렇다. 이에 비해 동북아시아에서는 문화적 동질성은 어느 정도 있을지 모르나, 역사적 충돌과 경제적 격차 등으로 통합요소보다는 오히려 경쟁이나 갈등이 높은 편이다. 유럽연합에서도 경제적으로 뒤지고 문화가 다른 터키 같은 나라를 받아들이는 데 상당한 진통을 겪고 있다. 국가들이 권역화를 이루는 이유는 이를 통해 경제, 정치, 군사적 이득을 보려는 것이다. 서로 간의 갈등을 줄이고 자유무역을 통해 경제 협력과 통합을 이루면 통합 이전에 비해 여러 면에서 유리하다. 하지만 민족, 국가 간의 다양한 차이가 그런 통합을 막는 걸림돌이 되고 있다.

　이런 점에서 민족주의의 의미에 대해 다시 생각해 볼 필요가 있다. 세계화론에서는 민족주의를 당연히 부정적인 것으로 본다. 민족주의가 세계의 다양한 교류와 이를 통한 상호이익 실현을 방해하고 국가 간 갈등을 높인다는 이유 때문이다. 그러나 이는 상당히 강대국 또는 강대 민족 중심적인 사고라고 할 수 있다.* 민족주의를 부정적으로만 보면 다른 민족의 압제 아래 있는 약소민족의 독립 의지를 부정하게 된다. 티베트나 쿠르드족의 자치나 독립 의지를 부정하고 강대국의 지배를 정당화하게 된다. 또 세계화를 받들고 민족주의를 배척하면 중심국 문화의 주변국 침투에 대해 적절한 견제장치를 마련하기 어렵게 된다. 세계화가 초래하는 결과에 대해서는 긍정과 부정의 논리가 팽팽하게 맞서지만, 약소국과 약소민족의 독립이나 문화적 정체성 유지라는 측면에서는 세계화의 부정적인 영향이 긍정적인 영향보다 클 수밖에 없다.

　그런데 여기서 세계화를 두 가지로 나누어 볼 필요가 생긴다. 하나

---

*
국가와 민족은 서로 다른 것이지만 여기서는 편의상 혼용해서 쓴다.

는 자본의 세계화를 중심으로 하는 신자유주의적 세계화이며, 다른 하나는 세계 시민의 적극적인 참여를 통한 세계 정의, 세계 평화의 증진이다.* 이 둘 모두 민족주의에 대해서는 부정적인 관점을 가질 것이다. 앞의 세계화에 대해서는 이미 언급했으므로 뒤의 세계화와 민족주의의 관계에 대해 간단히 덧붙여 보자. 세계 시민운동은 강대국의 일방적 지배와 자본의 지배를 벗어나 세계 '시민'의 적극적인 참여를 통해 세계 평화와 정의를 이루자는 움직임이다. 앞서 본 다양한 세계 시민단체의 활동이 여기에 해당한다. 다양한 정부기구, 비정부기구가 서로 간의 협력을 통해 세계적 불평등과 폭력을 줄이고 환경을 보호하며 인권을 신장하는 세계 공동체를 이루자는 이상이다. 이런 이상을 위해서는 민족주의를 극복하는 것이 필요하다.

그러나 여기서 이상과 현실의 갈등이 생긴다. 거대 자본과 강대국이 지배하는 현실에서 약소국 주민이 세계 시민사회의 건설을 위해 민족 정체성과 민족주의 이념을 포기하는 것이 쉬운 일은 아니다. 그렇게 되면 자칫 자신의 정체성과 독립을 잃을 가능성이 크기 때문이다. 선택은 각자의 판단 기준에 따라 다를 것이다. 약소국 주민이 세계 정의와 평화를 위한 국제연대를 포기하지 않으면서 동시에 자신의 정체성과 독립을 잃지 않을 길을 찾기는 쉽지 않다. 그러나 그것이 바

*
뒤의 것을 '반세계화'라고 흔히 부르는데, 견해에 따라서는 이것이야말로 진정한 세계화라고 볼 수 있다.

른 길이라면 그 길을 모색해 가는 수밖에 없다. 지금 진행되는 세계 시민사회 운동도 강대국 주민이 앞장서서 추구하는 것이라, 강대국 주민과 약소국 주민의 차이라든가 세계 시민운동에서 약소국 주민이 차지하는 역할에 대한 고려는 매우 빈약하다. 이 점이 바로 세계 시민 운동이 가진 한 맹점이라 할 것이다. 어쨌든 세계 평화와 세계 정의를 찾아가는 목표에서 약소국과 강대국의 차이는 없을 것이다. 단지 그 과정에서 각자가 처한 처지에 차이가 있을 뿐이다.

찾아보기

_ㅊ_

_ㅈ_

정치란 무엇인가

1판 1쇄 펴낸날 2018년 8월 25일

지은이 | 김영명
펴낸이 | 김시연

펴낸곳 | (주)일조각
등록 | 1953년 9월 3일 제300-1953-1호(구 : 제1-298호)
주소 | 03176 서울시 종로구 경희궁길 39
전화 | 02-734-3545 / 02-733-8811(편집부)
　　　　02-733-5430 / 02-733-5431(영업부)
팩스 | 02-735-9994(편집부) / 02-738-5857(영업부)
이메일 | ilchokak@hanmail.net
홈페이지 | www.ilchokak.co.kr

ISBN 978-89-337-0747-0 03340
값 16,000원

• 지은이와 협의하여 인지를 생략합니다.

• 이 도서의 국립중앙도서관 출판예정도서목록(CIP)은 서지정보유통지원시스템 홈페이지(http://seoji.nl.go.kr)와
  국가자료공동목록시스템(http://www.nl.go.kr/kolisnet)에서 이용하실 수 있습니다.
  (CIP제어번호 : CIP2018025616)